KB190224

# 복음과 훈음
## 福音　訓音

# 복음과 훈음

**초판 1쇄 인쇄일** 2024년 5월 24일
**초판 1쇄 발행일** 2024년 5월 31일

**지은이** 조 봉
**펴낸이** 양옥매
**디자인** 표지혜 송다희
**마케팅** 송용호
**교　정** 조준경

**펴낸곳** 도서출판 책과나무
**출판등록** 제2012-000376
**주소** 서울특별시 마포구 방울내로 79 이노빌딩 302호
**대표전화** 02.372.1537　팩스 02.372.1538
**이메일** booknamu2007@naver.com
**홈페이지** www.booknamu.com
ISBN 979-11-6752-478-2 (03230)

הנה אלהיכם:

# 복음과 훈음
## 福音　訓音

조봉 지음

책과나무

# 한자와 창세기 말씀과의 관계를 밝히다

일상생활에 사용하는 우리말 중에는 한자에서 온 단어들이 많으나 한자의 뜻을 알아도 그 의미를 정확히 알지 못하고 습관적으로 언어생활을 해 왔습니다.

성경의 말씀을 통하여 한자가 뜻하는 의미를 밝히므로 그 의미를 보다 명확하게 이해하게 되고, 아울러 성경의 말씀 또한 명확하게 이해할 수 있으리라 여겨집니다.

이렇게 시작된 한자와 창세기 말씀과의 관계를 밝히면서 훈민정음(訓民正音)에 우리가 몰랐던 의미가 있음을 발견하게 되었으며 '우리 언어가 아니면 성경이 풀어지지 않겠구나!' 하고 생각하니 하나님께서 이 나라와 민족에게 역사하심을 느끼게 되었습니다.

'밭에 감추인 보화를 발견'함 같은 은혜를 함께 누려 보시기를 바랍니다.

너희의 하나님이 이르시되
너희는 위로하라 내 백성을 위로하라
– 이사야 40:1

# 제1부 ☞ 창세기와 한자

## 제4부   천지창조의 이해

## 제5부   사람 그리고 사랑과 사단

제1부

# 창세기와
# 한자

# 믿음(信)의 조상 아브라함

어느 날 아브라함이 "믿음의 조상"이라는 말씀을 생각하다가 "왜 아브라함을 믿음의 조상이라고 부를까? 그것을 어떻게 설명할 수 있을까?"라고 마음의 질문을 하며 무심코 믿음을 의미하는 한자어인 '신(信)' 자를 써 보았습니다.

문득 '한자에 창세기 말씀이 들어 있다'는 이야기를 '서예신 사모님'께 들었던 기억이 떠올랐습니다. 한자는 형성문자로 각 구성하는 구성글자의 뜻이 모아져서 글자의 뜻을 나타내는 글자입니다.

먼저 '신(信)' 자를 '사람 인(亻)'과 '말씀 언(言)'으로 나누어 보았습니다.

$$信 \rightarrow 亻 + 言$$

"'인(亻)'은 사람을 뜻하니 아브라함이라고 하면 '언(言)'은 무슨 말씀을 의미할까? 사모님께서 한자에서 '입 구(口)'는 사람이나 말씀을 뜻한다고 하셨는데…. 아마 하나님의 말씀을 뜻하겠지?" 하며 "아브라함에게 하신 말씀?" 하고 생각하니 하나님께서 아브라함에게 하신 말씀이 떠올랐습니다.

## ✦ 창세기 12장 ──✦ ✦ ✦ ✦

1. 여호와께서 아브람에게 이르시되 너는 너의 고향과 친척과 아버지의 집을 떠나 내가 네게 보여 줄 땅으로 가라
2. 내가 너로 큰 민족을 이루고 네게 복을 주어 네 이름을 창대하게 하리니 너는 복이 될지라
3. 너를 축복하는 자에게는 내가 복을 내리고 너를 저주하는 자에게는 내가 저주하리니 땅의 모든 족속이 너로 말미암아 복을 얻을 것이라 하신지라
4. 이에 아브람이 여호와의 말씀을 따라갔고 롯도 그와 함께 갔으며, 아브람이 하란을 떠날 때에 칠십오 세였더라

말씀을 읽어 보니, 하나님께서 아브라함에게 새로운 땅으로

떠날 것을 명하시며 축복하시는 언약의 말씀이신데, 1·2·3절의 말씀이 무언가 언어적인 의미도 내포되어 있는 것 같았으며, '말(언어)의 특성'을 생각하면서 맞추어 보니 다음과 같이 세 가지 의미로 풀이되었습니다.

첫째, 학연·지연·혈연의 관계를 떠나 하나님 뜻에 맞는 말을 하여야 한다.

둘째, 말은 이 사람 저 사람으로 널리 전하여지고, 자신의 이름도 함께 전하여지며 다른 사람에게 영향을 준다.

셋째, 자신이 말한 대로 자신에게 되돌아온다.

그래서 '언(言)'을 '一 + 三 + 口'로 나누고 '하나님의 세 말씀'으로 풀이하니 '언(言)' 자에 창세기 12장 1·2·3절의 말씀이 그대로 함축되어 있는 자형(字形)이었으며, '언(言)'은 바로 하나님의 말씀을 나타내므로 '말씀 언'이었습니다.

말 한마디로 사람을 죽이기도 살리기도 하고, 다툼과 불화가 일어나는 작금의 현실을 생각하며 일찍이 하나님께서 말의 중요함을 함축하는 말씀을 주셨음을 새삼 깨닫게 되었습니다.

이제라도 우리의 언어생활도 말씀에 근거하여 복된 언어를 사용하여 서로 축복받는 사람들이 되어야 하겠습니다.

24. 에녹이 하나님과 동행하더니 하나님이 그를 데려가시므로
    세상에 있지 아니하였더라


'인(亻)'과 '언(言)'을 붙여서 '신(信)' 자를 다시 써 보니 4절의 말씀 "아브라함이 여호와의 말씀을 따라갔고"가 자형(字形)으로 나타난 것으로 '말씀과 동행'하는 형상이었습니다.

창세기 5장 24절 "에녹이 하나님과 동행하더니"의 말씀이 '에녹이 하나님을 믿었다'는 것을 의미함을 알게 되었습니다.

信(믿을 신)의 사전적 의미는 '믿다'이지만 성경의 말씀으로 풀어 보면 '하나님의 말씀과 동행한다'는 명확한 의미가 나타났습니다.

인류 역사에서 하나님께서 '말씀'을 아브라함에게 처음으로 주셨으며, 그 말씀과 동행하는 한자어 '信'을 통하여 아브라함이 '믿음(信)의 조상'으로 불리는 이유를 증거하게 되었습니다.


믿음은 하나님의 말씀을 들음에서 나며 말씀과 동행함으로 보여 주는 것이요 그 길은 새롭고 신이 나며 고통도 따르나 하나님께서 지켜 주십니다.

# 순종(順從)의 아브라함과 이삭

 '신(信)'의 의미가 말씀으로 풀어짐에 놀라서 '과연 한 자에 창세기 말씀이 들어 있는 것이 사실인가?' 의아해하며 이어서 순종을 뜻하는 '좇을 종(從)'을 쓰고 '從 → 彳+从+㇏'로 분해하여 보았습니다.

 '从'이 산(山)을 표시하는 부호와 비슷하여 '산(山)'으로 생각하면서 먼저 위쪽에 쓰고 아래에 '彳'과 '㇏'를 쓰고 보니, 지게를 지고 두 사람이 산을 향하여 가는 모습으로 나타났습니다.

 성경의 말씀에 아브라함이 이삭과 함께 번제를 드리러 가는 말씀이 생각나서 창세기의 말씀을 찾아보았습니다.

1. 그 일 후에 하나님이 아브라함을 시험하시려고 그를 부르시되 아브라함아 하시니 그가 이르되 내가 여기 있나이다

2. 여호와께서 이르시되 네 아들 네 사랑하는 독자 이삭을 데리고 모리아 땅으로 가서 내가 네게 일러 준 한 산 거기서 그를 번제로 드리라

3. 아브라함이 아침에 일찍이 일어나 나귀에 안장을 지우고 두 종과 그의 아들 이삭을 데리고 번제에 쓸 나무를 쪼개어 가지고 떠나 하나님이 자기에게 일러 주신 곳으로 가더니

4. 제삼일에 아브라함이 눈을 들어 그곳을 멀리 바라본지라

5. 이에 아브라함이 종들에게 이르되 너희는 나귀와 함께 여기서 기다리라 내가 아이와 함께 저기 가서 예배하고 우리가 너희에게로 돌아오리라 하고

6. 아브라함이 이에 번제 나무를 가져다가 그의 아들 이삭에게 지우고 자기는 불과 칼을 손에 들고 두 사람이 동행하더니

7. 이삭이 그 아버지 아브라함에게 말하여 이르되 내 아버지여 하니 그가 이르되 내 아들아 내가 여기 있노라 이삭이 이르되 불과 나무는 있거니와 번제할 어린양은 어디 있나이까

8. 아브라함이 이르되 내 아들아 번제할 어린양은 하나님이
   자기를 위하여 친히 준비하시리라 하고 두 사람이 함께 나
   아가서


　6절의 말씀에 이삭이 나무를 지고 아브라함과 함께 모리아산
을 향해 가는 말씀이 진짜로 있음에 또다시 놀라지 않을 수 없었
습니다.

　하나님께서 아브라함이 100세에 얻은 이삭을 하나님보다 더
중히 여기는지 시험하시는 말씀으로 아브라함이 하나님의 명령
을 받자 아침 일찍이 일어나 자신의 생명과 같은 이삭을 번제 드
리려 가는 아브라함의 순종.

　그리고 나무를 지고 가며 '번제할 어린양은 어디 있나이까?'라
는 물음에 '하나님이 자신을 위하여 친히 준비하시리라.'는 아버
지의 말씀을 따라 모리아산에 가서 115세 이상의 힘없는 아버지
에게 순순히 결박당하여 자신을 번제물로 내어놓는 이삭의 순종
을 나타내 보이는 말씀입니다.


　'신(信)'에서는 '인(亻)' 자로 사용하고 '종(從)'에서는 '축(彳)'
자로 사용된 것은 무엇 때문일까요?

　그것은 아브라함이 하란을 떠날 때는 75세였고 이삭을 번제로

드릴 때는 115세 이상인 고령의 나이로 ‘彳’의 뜻은 부수로는 ‘두인변’으로 쓰이나 ‘지축거릴 축’ 자로 늙어서 힘이 없어 다리를 끌며 걷는다는 의미를 담고 있습니다.

　종(從)은 ‘좇을 종’으로 ‘따르다, 모시다, 근심하다’ 등의 뜻으로 사용되나 성경의 말씀으로 풀어 보면, ‘하나님께서 자신의 가장 소중한 것, 생명이라도 달라 하시면 머뭇거리지 않고 즉시 올려 드리는 행동’을 나타낸다 하겠습니다. 즉, ‘하나님의 명령에 무조건 따른다, 좇아간다’ 하겠습니다.

　결국 순종은 하나님의 말씀을 따라가는 것이며 의심 없이 한결같은 마음으로 끝날까지 가는 것입니다.

# 올 래(來)와 예수님

　　'신(信)' 자가 성경적으로 풀어지는 것도 놀라운 데 '종
(從)' 자 또한 성경적으로 풀어지니 과연 한자에 창세기의 성경
말씀이 들어 있다는 것이 사실인 것 같다는 생각이 들었습니다.

　그러나 '从'을 '산'으로 임의로 해석한 것이 마음에 걸려
증명할 다른 한자가 더 필요했습니다. 그래서 '从'이 들어
간 한자를 생각하는데 '來(올 래)'가 생각나서 써 보았습
니다.

　그리고 보니 從에서 从은 위에 있었고 來에서는 아래에 있어
먼저 从을 쓰고 '十'을 쓰는데 "갈보리 산 위에 십자가 섰으니,
～ 주가 흘리신 보혈이라"는 찬양이 떠오르며 예수님이 십자가
에 달리신 모습으로 보였습니다.

'어떻게 이런 일이! 올 래(來)가 예수님이 오신다는 것을 뜻하다니! 한자에 예수님을 나타내는 글이 있었다니!' 너무 놀라웠습니다.

그렇다면 "아직 오지 않은 때를 나타내는 '미래(未來)'는 어떤 의미가 있을까?" 하며 한자어를 써 보았습니다. "'미(未)'는 '아니다'라는 의미이니 아직 오지 않은 때가 맞는데…. 아! 미(未)가 십이지의 8번째 동물인 '양'을 의미하잖아?"라는 생각에 도달했습니다.

'미래(未來)'의 의미를 정리하니 '양이신 예수님이 아직 오지 않은 때', 즉 '십자가 은혜의 사건이 이르지 않은 때'를 정확히 나타내었습니다.

'미래(未來)'란 아직 오지 않은, 앞으로 올 때를 나타내는 줄 알았었는데 인류의 역사 시간에서 '십자가 은혜의 사건'이 이를 때까지가 '미래(未來)'의 시간이었습니다.

우리가 살아가는 이때를 '마지막 때'라고 이름할 수밖에 없는 이유를 미래(未來)의 한자어를 통해서 이해하게 되었습니다.


이어서 올 래(來)와 관련어인 '내일(來日)'이라는 한자를 쓰고서 바라보니 오늘의 다음 날, 바로 다가오는 그날이 '예수님이 오시는 날'이 되었습니다.

우리가 일상적으로 사용하는 말인데 그 단어 속에 예수님이 오신다는 의미를 나타내고 있었다니 실로 놀라지 않을 수 없었으며, "예수님이 속히 오신다, 곧 오시리라"는 말씀이 실로 가슴에 와 닿았습니다.

　참으로 한자에 성경의 말씀이 있다는 사실에 동감하며 "한자가 만들어질 때 성경의 말씀에 근거하지 아니하였을까?"라는 의구심이 일어났습니다.

　이렇게 일련의 한자어가 일순간에 성경의 말씀으로 풀어지니, 어느 화교계 선교사가 '船(배 선)' 자를 보고 방주에 탄 노아의 8가족으로 해석하고서 한자를 연구하여 '한자에 창세기 성경의 말씀이 들어 있다'는 이야기를 했던 것이 생각났습니다.

　그때는 그 말을 신뢰하지 못하였으나, 나 자신이 직접 한자에서 말씀을 발견하는 체험을 하고 보니 '한자에 성경의 말씀이 있음'이 사실임을 확신하게 되었고, 한자를 성경 말씀으로 풀이하는 데 열심을 가지게 되었습니다.

# 간구(狠求)와 야곱

    아브라함과 이삭에 대한 믿음(信)과 순종(順從)에 대한 성경적 풀이를 마치고, 이어서 '간구(狠求)'에도 야곱과 연관된 의미가 있을 것이라는 신뢰가 일어났습니다.

  '간(狠)' 자를 '豸'와 '艮'으로 나누고 '간(艮)' 자가 '어긋나다'는 의미를 갖고 있음을 확인하고는 "야곱이 하나님과 씨름하다 환도뼈가 어긋났는데…." 하며 '간(狠)' 자에도 분명 야곱에 대한 의미가 있음을 느꼈으나 한자의 지식이 없어 후일에 풀이하기로 하였습니다.

  그 후, 몇 날이 지나서 '간(狠)' 자를 '爫(조)'와 '勿(물)'과 '艮(간)'으로 나누고 그 뜻을 찾아보았습니다.

$$狠 \rightarrow 爫 + 勿 + 艮$$

- 爪: 손톱 조. 손톱, 갈퀴, 할퀴다, 움켜잡다.
- 勿: 말 물. 말다, 아니다, 근심하는 모양, 부지런히 힘쓰는 모양.
- 艮: 그칠 간. 괘(卦)의 이름, 한계(限界), 그치다, 멈추다, 한정하다, 어렵다, 가난하다, 머무르다, 어긋나다, 거스르다.

정리하면 '간(狠)'은 '움켜잡고 힘쓰다가 어긋나다'라는 뜻을 가지고 있었습니다. 과연 야곱이 압복강가에서 하나님과 씨름하는 말씀과 관련이 있었던 것입니다.

✦ 창세기 32장 ━━━━━━➤ ✦ ✦ ✦

24. 야곱은 홀로 남았더니 어떤 사람이 날이 새도록 야곱과 씨름하다가
25. 자기가 야곱을 이기지 못함을 보고 그가 야곱의 허벅지 관절을 치매 야곱의 허벅지 관절이 그 사람과 씨름할 때에 어긋났더라
26. 그가 이르되 날이 새려하니 나로 가게 하라 야곱이 이르되 당신이 내게 축복하지 아니하면 가게 하지 아니하겠나이다

27. 그 사람이 그에게 이르되 네 이름이 무엇이냐 그가 이르되 야곱이니이다

28. 그가 이르되 네 이름을 다시는 야곱이라 부를 것이 아니요 이스라엘이라 부를 것이니 이는 네가 하나님과 및 사람들과 겨루어 이겼음이니라


'간구(懇求)'의 사전적 의미는 '간절히 구하다'는 뜻이나 성경의 말씀으로 풀어 보면 '하나님께 자신의 뼈가 어긋나기까지 매달리며 구한다'는 의미를 나타내고 있습니다.

# 죄(罪)와 벌(罰)

　　'신(信)'의 풀이에서 '언(言)'의 의미를 '하나님의 세 말씀'으로 해석한 것에 대하여 보다 더 확실한 증명이 필요하다고 느껴져 '언(言)'의 의미가 담겨 있는 한자어를 생각하던 중에 간단한 글자인 '非(아닐 비)'가 생각되어 써 보니 가운데 칼 도(刂=刀) 자가 보였습니다.

　　"혹시 말씀을 자른다는 의미가 아닐까?" 생각하며 三(석 삼)과 刂(칼 도)'로 나누어 보았습니다. 그리고 '三'을 하나님의 세 말씀(言)으로 보며 의미를 생각했습니다.

$$三 + 刂 \rightarrow 刂 \rightarrow 非$$

　　그리고 보니 '非'가 하나님의 말씀을 칼로 자른 형상의 자형이었습니다. 즉 '하나님의 말씀을 받아들이지 아니한다'는 의미였습니다.

'非'는 사전적 의미로 '아니다, 나쁘다, 옳지 않다, 배반하다' 등의 의미로서 무엇이 아니며, 옳지 않다고 하는지 알 수 없었습니다.

그러나 성경의 말씀에 의하여 풀어 보면, '非'는 '하나님의 말씀을 따르지 않으면 아니 된다, 옳지 않다' 하여 '아닐 비'에 대한 보다 확실하고 분명한 의미가 드러났습니다.


'非(비)'에서 '三(삼)'을 '하나님의 세 말씀(言)'으로 정의(定意)한 것을 증명할 다른 한자어를 찾다가 '죄(罪)와 벌(罰)' 자를 만나게 되었습니다.

'죄(罪)와 벌(罰)'의 글자 형태가 서로 유사한데, '罒(망)'은 공통으로 위쪽에 위치하고 아래의 '非'와 '言刂'만이 서로 다른 글자였습니다.

'罪(죄 죄)'는 '罒(그물 망)'과 '非(아닐 비)'로 나누어지며 '罒(망)'은 '그물, 싸다, 덮다, 가리다' 등으로 갇혀 있는 의미입니다. 결국 '罪(죄 죄)'를 말씀으로 풀어 보면 '하나님의 말씀을 거역하는, 부정하는 관념에 사로잡혀 있는 것이 죄'라는 의미를 갖고 있음이 드러났습니다.


'罰(벌)'은 '벌하다, 벌주다'는 뜻으로 '罒(그물 망)'과 '言(말씀

언)'과 '刂(칼 도)'로 나누어 생각하니 '訁刂' 자는 '非'에서 말씀이 칼에 잘렸던 것이, 말씀과 칼이 분리되어 하나님 말씀이 다시 회복된 상태를 나타내고 있음을 알 수 있었습니다.

'罰(벌할 벌)'은 죄의 값을 치루는 것으로 '하나님의 말씀이 회복될(회개) 때까지 구속받는다'는 의미로 풀이할 수 있습니다. 이 두 한자어에서 '三(삼)'이 '訁(언)'과 동일한 의미를 가지고 있음을 보여 주었습니다.

이로써 '非(아닐 비)'에서 '三(삼)'은 '訁(언)'과 같이 '하나님의 세 말씀'을 의미함이 확실함을 확인하였습니다.

## 자(自)와 아(我)

'自(자)'는 '나 자, 스스로 자'로 사전적 의미는 '스스로, 저절로, 본연, 처음, 스스로 ~ 하다'입니다. 그렇다면 "내가 무엇을 스스로 ~ 한다는 의미일까?"라는 의문에 빠졌습니다.

'自'를 'ノ(삐침 별)'과 '目(눈 목)'으로 분해하고 'ノ(별)'을 '생명'의 의미로 보고 '目(목)'을 성경의 말씀으로 풀어야 했습니다.

$$自 \rightarrow ノ + 目$$

'目(목)'은 '눈 목' 자로 '눈, 견해, 요점, 보다, 주시하다' 등의 뜻이 있으며 눈을 상형화한 글자로 '본다'는 의미를 가지고 있습니다.

그렇다면 "무엇을 본다는 의미일까? 무엇을 바라볼까?"라는 반문을 하다가 "하나님을 바라본다는 게 아닐까?" 하고 생각하니,

아브라함이 하나님을 바라보는 말씀이 있음을 떠올렸습니다.

## ✦ 창세기 18장 ──────✦ ✦ ✦

1. 여호와께서 마므레의 상수리나무들이 있는 곳에서 아브라함에게 나타나시니라 날이 뜨거울 때에 그가 장막 문에 앉아 있다가
2. 눈을 들어 본즉 사람 셋이 맞은편에 서 있는지라 그가 그들을 보자 곧 장막 문에서 달려 나가 영접하며 몸을 땅에 굽혀
3. 이르되 내주여 내가 주께 은혜를 입었사오면 원하건대 종을 떠나 지나가지 마시옵고
4. 물을 조금 가져오게 하사 당신들의 발을 씻으시고 나무 아래에서 쉬소서
5. 내가 떡을 조금 가져오리니 당신들의 마음을 상쾌하게 하신 후에 지나가소서 당신들이 종에게 오셨음이니이다 그들이 이르되 네 말대로 그리하라

아브라함이 한낮 뜨거울 때에 장막 문 안에서 멀리 밖을 바라보다가 세 천사(하나님)를 맞이하는 말씀입니다. 그 말씀의 장

면을 연상하며 '目(목)' 자를 '冂(멀 경)'과 '三(석 삼)'으로 나누어 보았습니다.

$$目 \rightarrow 冂 + 三$$

아브라함이 장막 문(冂) 안에서 더위를 피하며 앉아서 바깥을 멀리 바라보다가 세 천사(三)가 나타나신 것을 바라보고 있는 모습의 형상으로 '目'이 다시 그려졌습니다.

그래서 '目(눈 목)' 자는 '하나님을 바라본다'는 명확한 의미를 가지며, 아브라함 자신이 '스스로' 바라본 것이므로 '하나님을 스스로 바라본다'는 의미가 보다 정확한 의미가 되겠습니다.

그러므로 '自(자)'는 '나에게 생명 주신 하나님을 스스로 바라본다'는 의미로 풀이하게 되었습니다.

'我(아)'는 '나 아'자로 '나 자신'을 뜻하며, 존재에 대한 자기 자신의 의식을 뜻하므로 매우 중요한 글자라 여겨졌습니다. 이에 성경의 말씀으로도 사람의 본질과 관련된 풀이가 되었으면 하는 바람이 있었습니다.

'我'를 '手(손 수)'와 '戈(창 과)'로 나누고 상징하는 손과 창을 생각하며 "이것이 '나'와 어떤 관계가 있을까?" 하고 되뇌었지만 언뜻 풀리지가 않았습니다.

我 → 手 + 戈

어느 날 소서교회 서예신 사모님께 여쭈었습니다(사모님은 말씀과 한자에 많은 지식을 갖고 계셨습니다).

"사모님은 '我(아)' 자를 어떻게 풀이하시나요?" 하고 여쭈었더니 "하나님께 제사 드리는 형상"이라는 말씀을 하셨습니다. 그러나 선뜻 이해가 되지는 않았습니다.

사모님이 하신 말씀을 되뇌며 생각하다가 문득 아브라함이 하나님께 번제를 드리는 말씀이 생각났고, 이어서 말씀을 찾아보았습니다.

9. 하나님이 그에게 일러 주신 곳에 이른지라 이에 아브라함이 그곳에 제단을 쌓고 나무를 벌여 놓고 그의 아들 이삭을 결박하여 제단 나무 위에 놓고

10. 손을 내밀어 칼을 잡고 그 아들을 잡으려 하니

11. 여호와의 사자가 하늘에서부터 그를 불러 이르시되 아브라함아 아브라함아 하시는지라 아브라함이 이르되 내가 여기 있나이다 하매

12. 사자가 이르시되 그 아이에게 네 손을 대지 말라 그에게 아무 일도 하지 말라 네가 네 아들 네 독자까지도 내게 아끼지 아니하였으니 내가 이제야 네가 하나님을 경외하는 줄을 아노라

　10절의 말씀에 "손에 칼을 잡고"라는 말씀이 있었습니다. 잠깐 묵상하는 중에 手刀와 我를 쓰고 刀가 戈로 바뀐 것에 대한 의미를 깨닫게 되었습니다.

　즉, 칼과 창은 살상의 도구인데 칼과 창의 다른 점은 '칼(刀)'은 자기가 자신을 해할 수도 있는 살상 도구이나 '창(戈)'은 길어서 자신을 상해하기 어려운 살상 도구라는 점입니다.

그러니 자(字)의 본뜻을 후세에 오해하지 않도록 '刀(칼 도)'를 '戈(창 과)'로 바꾸어 자형(字形)을 만든 것으로 생각하니, 참으로 선인의 지혜에 감탄하지 않을 수 없었습니다.

아브라함이 이삭을 번제로 바칠 때 바로 '我(아)'를 행할 때 하나님께서 하신 그 말씀 "내가 이제야 네가 하나님을 경외하는 줄을 아노라" 응답하신 말씀의 의미가 '我(아)'를 풀어 줄 것 같았습니다.

'我(아)'를 '하나님을 경외한다'는 의미를 갖고 있다고 생각하며 "창조주 하나님이 사람을 지으셨으므로 사람이면 누구나 공통된 하나님의 표징이 있어야 하는 게 아닌가?" 하는 생각이 들었습니다.

해서 '我(나 아)'는 '하나님을 경외함이 나 된 본질'이라는 것을 의미한다 하겠습니다. 선지자들이 외치는 '깨어라' 외침이 바로 '나' 된 본질을 깨쳐서 하나님을 경외하라는 말씀이 아닌지요?

이제 '자아(自我)'의 의미를 살펴보면, 사전적 의미는 '자기 자신에 대한 의식이나 관념'입니다. 그러나 위의 성경의 말씀에 의한 풀이로 보면 다음과 같습니다.

• 自(자): 나에게 생명 주신 하나님을 스스로 바라본다.

• 我(아): 하나님을 경외함이 나 된 본질이다.

종합하면, '자아(自我)'는 '나에게 생명 주신 하나님을 스스로 바라보며 경외하는 나 된 본질'이라는 의미로 명확하게 풀이할 수 있겠습니다.

# 자유(自由)

　　자유(自由)에 대한 일반적인 생각이나 정의(定意)를
살펴보면 다음과 같이 정리할 수 있습니다.


- 외부적인 구속이나 무엇에 얽매이지 아니하고 자기 마음대
  로 할 수 있는 상태.
- 법률적으로는 법률의 범위 안에서 남에게 구속되지 아니하
  고 자기 마음대로 하는 행위.
- 철학적으로는 자연 및 사회의 객관적 필연성을 인식하고 이
  것을 활용하는 일.
- 자유의 개념은 단순히 '외부로부터 속박이 없는 상태', 즉
  '~로부터의 자유'를 가리키는 '소극적 의미'의 자유와 '자신
  이 하고자 하는 바를 적극적으로 할 수 있는 상태', 즉 '~
  에 대한 자유'를 가리키는 '적극적 의미'의 자유로 나눌 수
  있다.
- 근대에 있어서의 자유의 개념은, 다른 사람의 의지에서가
  아니고 스스로의 의지에 따라 행위하는 것으로 파악할 수
  있다. 이 자유 개념이 봉건시대의 불평등한 신분제로부터

의 해방이라고 하는 사상을 이끌어 유럽에서 시민혁명을 일으켰다.

- 자유는 다른 사람의 자유와 충돌하기 쉽다. 존 스튜어트 밀은《자유론》에서 다른 사람의 자유를 존중하지 않고 제멋대로인 행동을 해서는 안 된다는 생각을 표명하고 있으며, 이는 오늘날 넓게 지지받고 있다.

'자(自)'는 '나에게 생명 주신 하나님을 스스로 바라본다'는 뜻이고, '유(由)'는 말미암을 유로 '말미암다, 따르다, 행하다, 꾀하다, 까닭' 등의 뜻으로 근거나 그렇게 되는 까닭을 의미합니다.

유(由)는 '근거로부터 말미암는 의미'를 담고 있다 하겠으므로 성경에서 근거의 의미는 무엇일까 생각해 보았습니다.

하나님이 사람을 창조하시고 에덴의 동산을 창설하사 그곳에서 살게 하셨습니다.

이곳 에덴은 하나님께서 사람을 지으시고 '너희는 이렇게 살아야 한다'고 모델로 보여 주시는 곳으로서 하나님이 돌보시고 주관하시는 축복(祝福)과 평안이 가득한 낙원인 것입니다.

또한 생명수 샘물이 솟아오르며 흘러넘치는 곳입니다. '由'는 생명수가 솟아오르며 사방으로 흘러가는 형상을 문자화한 것으로 보았습니다. 하여 由의 의미는 '낙원의 생명수가 내 안으로 흘러들어오는 신선함과 평안함으로 말미암는다' 하겠습니다.

그러므로 자유(自由)는 '창조주 하나님을 스스로 느낌(구속)으로부터 오는 생명의 평안함'을 뜻한다고 결론 내릴 수 있습니다.

# 정(正)과 의(義)

'正(바를 정)'은 '一(한 일)'과 '止(그칠 지)'로 분해할 수 있습니다. '一(일)'은 '하나, 한 가지'를 뜻하며, '止(지)'는 '그치다, 금하다, 멈추다, 억제하다' 등 삼가고 자제하는 뜻으로 쓰입니다.

$$正 \rightarrow 一 + 止$$

그러므로 '正(정)'은 '한 가지를 금한다'는 의미를 포함하고 있습니다. 그러나 '正(바를 정)'의 사전적 의미는 '바르다, 정당하다' 등 올바르다는 뜻으로 사용되고 있습니다.

그렇다면 어떻게 하는 것이 바르고 올바른 것일까요? 그에 대해서는 알 수가 없었으나, 성경의 말씀으로 풀어 보면 다음과 같은 해답을 얻을 수 있게 됩니다.

15. 여호와 하나님이 그 사람을 이끌어 에덴동산에 두어 그것을 경작하며 지키게 하시고
16. 여호와 하나님이 그 사람에게 명하여 이르시되 동산 각종 나무의 열매는 네가 임의로 먹되
17. 선악을 알게 하는 나무의 열매는 먹지 말라 네가 먹는 날에는 반드시 죽으리라 하시니라


하나님께서 아담에게 이르신 '한 가지 금기'의 말씀을 떠올리지 않을 수 없을 것입니다. 따라서 '正(바를 정)'의 풀이는 '하나님의 한 가지 금기를 지키는 것이 바르다'라는 의미를 함축하고 있습니다.


'義(옳을 의)'는 '옳다, 바르다, 올바른 도리' 등을 뜻하며, 사전적 의미로는 '사람이 지켜야 할 떳떳하고 정당한 도리'입니다.
그렇다면 무엇을 지키고 행하여야 옳은 것일까요? 이에 대해서는 성경의 말씀으로 풀어 보면 분명하게 알 수 있습니다.

# 義 → 羊 + 我

'羊(양 양)'과 '我(나 아)'의 합자로 '羊'은 '하나님의 백성'을, '我'는 '하나님을 경외함'을 뜻하며 '我'는 '羊'의 아래에 위치합니다.

이를 종합하여 풀이하면 '義(옳을 의)'는 '하나님을 경외하며 하나님의 백성을 돌보는(섬기는) 것이 옳다'는 명확한 의미를 가지고 있음을 알 수 있습니다.

'정의(正義)'란 사전적으로는 '진리에 맞는 올바른 도리'를 뜻합니다. 대부분의 도덕 교과서에서는 정의란 사회적 대우나 보상 처벌 등에 있어서 '마땅하게 받아야 할 몫'을 공정하게 받는 것을 의미한다고 서술하지만, 무엇이 진리에 맞고 무엇이 올바른 도리인지 알 수 없었습니다.

그러나 성경의 말씀으로 풀어 보면 무엇이 진리에 맞고 무엇이 올바른 도리인지를 알게 됩니다.

正(바를 정)은 '하나님의 한 가지 금기를 지키는 것이 바르다'는 것이고, 義(옳을 의)는 '하나님을 경외하며 하나님의 백성을 섬기는 것이 옳다'는 것입니다.

따라서 '정의(正義)'는 '하나님의 계를 지키며 하나님의 백성을 섬기는 것이 바르고 옳다'는 확실한 의미를 가지고 있다 하겠습니다.

하나님이 뜻하시고 선지자들이 부르짖었던 그 말씀의 의미가 확연히 우리 앞에 드러나 보이는 한자어가 아닐 수 없습니다.

# 영(靈)과 혼(魂)

'靈(영)'은 '신령 영'으로 '혼령, 정기, 신령하다' 등으로 풀이되고 있습니다. 성경에서 영은 매우 중요하게 여기고 있어서 영을 말씀으로 풀어 보고 싶었으나 엄두가 나지 않았었습니다.

그러던 어느 날 유튜브에서 한자를 풀어 주는 방송을 보게 되었는데(유튜브에서 한자를 독특한 방식으로 풀어 주시는 분들을 통하여 은혜를 많이 받았습니다), 한자의 문자를 통하여 다른 한자의 의미를 풀이하는(즉, '文(문)' 자가 들어가는 한자어는 대개 문의 의미인 '통한다'라는 의미를 갖고 있다) 방송을 본 후에 한자어의 '훈(訓)과 음(音)'에 대하여 생각하게 되었습니다.

- 訓(가르칠 훈): 한자의 뜻을 풀이하여 놓는 말. 여러 한자의 훈을 종합해 본 결과, 그 의미가 형태적인 것, 보이는 것을 나타낸다.
- 音(소리 음)'은 눈에 보이지는 않으나 무언가 움직이며 작용하며 일하는, 즉 형태 이상의 것을 나타낸다.

예를 들어, '火'는 '불 화'로 '훈의 불은 불이 붙어 불어나는 형상'을 나타내고 '음인 화'는 불길이 물질을 태워서 변화되는 일을 나타낸다는 것을 알게 되었으며, 같은 음을 가진 한자어(化, 和, 華, 禍 등)는 서로 상통하는 의미를 갖고 있음을 발견하게 되었습니다.


$$靈 \rightarrow 雨 + 口口口 + 巫$$


靈(영)을 雨 , 口口口, 巫로 분해하니, 雨는 '비 우'로 비가 내리는 모양 자이고, 口口口은 '입 구'가 세 개로 입 사람 또는 말씀이 많은 모양 자이고, 巫는 '무당 무'로 무녀, 망령되다는 의미의 자였습니다.

여기서 '巫(무당 무)'와 '無(없을 무)' 자가 같은 음임을 발견하게 되어 왜 '巫'가 '무당 무'인지를 알게 되었습니다.

# 巫 → 工 + 从

巫는 工(장인 공)과 从(좇을 종, 從의 약자)으로 '순종을 이룬다'는 의미인데 '巫(무)' 위에 아무것도 없으므로 '헛것을 좇아 헛것을 이룬다'는 의미였으며, '靈(영)'은 '하나님의 말씀에 순종하면 하나님의 도우심으로 이루어진다'는 의미였습니다.

간체자로 '영(灵)' 자가 쓰이고 있으나 이것은 '크(돼지머리 계)'와 '火(불 화)'의 합자로서 돼지머리를 제물로 올려드리는 형상이므로 '더러울 영' 자라 하겠으며 '靈(영)'은 '성령 영'이라 부름이 합당하다 하겠습니다.

영(靈)이 무엇을 순종하게 하는 것인지는 몰랐었는데, 평소 유튜브를 통해 방송을 많이 보았으며 명쾌하고 재미있게 성경을 풀어 주시어 많은 은혜를 받은 김명현 박사님을 뵙고 이에 대해 알게 되었습니다.

153쉘터교회에서 사역하시는 김명현 박사님께 평소에 성경의 말씀으로 풀이한 한자들을 정리한 작은 노트를 전해 드리고 싶은 생각에 153쉘터교회에 등록하고 2021년 5월 1일 토요일 강의에 참석하였습니다.

그날의 강의 내용은 창세기 2장의 말씀으로 아담의 창조와 '영과 혼'에 대한 말씀이었습니다. 박사님의 강의 중에 "영혼이란 영이란 단어와 혼이란 단어의 합성어"이며 '영을 소유한 혼'이란 합성어라고 하시며 "영은 혼을 구원하는 것"이라고 하셨습니다.

여기서 '영(靈)'이 혼(魂)을 순종하게 한다는 의미'임을 알게 되었지만 '혼(魂)'이 무엇인지를 몰랐기 때문에 성경 말씀으로 풀어야만 했습니다.

그래서 집에 돌아온 후 창세기 2장 말씀을 읽고 아담의 창조 과정을 생각하며 묵상하고 새벽잠을 설치면서 魂(혼) 자를 분해하며 생각했지만, 儿厶가 '귀신 귀(鬼)'와 무슨 관계가 있나 생각하니 풀어지지 않았습니다.

교회에 가는 중에도 이에 대해 생각하면서 고정관념을 버리자고 다짐하며 "분명한 의미가 밝혀져야 하는데…." 했지만 막막하기만 했습니다.


주일 오전 예배가 시작되고 목사님의 성경봉독이 시작되었는데도 들리지 않고 '魂'에 혼이 빠져 있는데, 순간 '그것이었구나!' 하고 풀어지고 말았습니다. '儿(어질 인)' 자가 왜 어질 인이 되었는지가 풀어지며 해독이 된 것입니다.

바로 '儿厶'에서 '厶(사사로울 사)'가 없음이 '儿(어질 인)'이었습니다.

언젠가 유튜브에서 한글·한자를 강의 하시는 이경춘 강사님께서 'ノ'은 사람을 의미하며 '서 있는 사람은 亻, 누워 있는 사람은 ㅏ, 구부린 사람은 勹'로 풀어 주시는 방송을 보았던 것이 생각난 것입니다.

'儿(어질 인)'은 ノ과 乚으로 '품은 것이 없는 사람', 즉 儿厶에서 '사사로운 마음을 품지 않는 사람'이 어진 사람의 의미였습니다.

魂 → 云 + ノ + 田 + 儿厶

하여 '魂(혼)'은 云(구름 운), ノ(삐침 별), 田(밭 전), 儿厶의 합자로서 云은 땅에 비를 내리지 아니한 때, 안개만 땅에서 올라와 지면을 적셨던 때를 나타냅니다(또는 안개와 같은 무형의 형태).

8. 여호와 하나님이 동방의 에덴에 동산을 창설하시고 그 지
　으신 사람을 거기 두시고

　'亅(별)'은 사람, '田(전)'은 에덴으로 창세기 2장 8절의 모양
자이며, '儿厶'는 그 사람의 속성을 나타내는 것으로서 亅(사
람), 乚(품다), 厶(사사로움)의 합성어로 '사사로운 것을 품은',
즉 보암직, 먹음직, 지혜를 탐하는 '땅의 속성'을 나타내고 있습
니다.

　결국 魂은 사람의 속성을 의미하는 자로서 땅의 흙으로 지어
진 사람이므로 땅의 속성을 가질 수밖에 없음을 나타내고 있습
니다.

　따라서 '영혼(靈魂)'은 하나님의 말씀에 순종하는 혼(사람)을
의미하며 '물과 성령으로 거듭나지 아니하면 하나님 나라에 들어
갈 수 없다'(요한복음 3:5)는 주님의 말씀이 바로 '영혼의 사람'
이 되어야 한다는 말씀이었습니다.

　살리는 것은 영이니 육은 무익하니라, 내가 너희에게 이른 말
은 영이요 생명이라(요한복음 6:63)

# 현대(現代) 그리고 지금(至今)

현대(現代)의 '현(現)'은 '나타날 현'으로 '나타나다, 드러내다' 등을 뜻하는데, '王(왕 왕)'과 '見(볼 견)'으로 나누어 풀이할 수 있습니다.

$$現 \rightarrow 王 + 見$$

즉, '왕이 나타나심을 본다'는 의미가 되며, '代(대)'는 '대신할 대'로 '대신하다, 대리하다, 번갈아, 세대' 등을 의미합니다.

이를 합하여 의미를 살피면 현대(現代)는 시대(時代)를 나타내는 것이므로 '왕이 오심을 볼 때까지 대신할 때'라는 의미가 됩니다. 그렇다면 과연 '왕'은 누구를 의미하고 무엇을 대신한다는 것일까요?

지금(至今)의 '至(지)'는 '이를 지'로 '이르다, 힘쓰다, 이루다, 마침내' 등을 의미하며, '今(금)'은 '이제 금'으로 '이제, 지금, 곧, 바로, 이것' 등을 의미합니다.

이를 종합해 보면 지금(至今)의 풀이는 '이제 힘써 이루어 갈 때'를 의미하고 있음을 알 수 있습니다.


'내일(來日)'은 '주님이 다시 오시는 날'입니다.

그래서 지금의 우리는 '다시 오실 주님을 예비하며 주신 사명을 힘써 이루어 나아가는 때'를 살아가고 있다 하겠습니다.

마지막 때(未來는 지나갔음)인 현대를 살아가는 우리가 내일을 위한 삶의 지향을 바로 우리의 언어생활에서 이미 고백하고 있었던 것입니다.

# 제2부

# 복음과 훈음

"하나님의 말씀을 받아 전하여

백성들을 바르게 한다."

## 사람 인(人)

| 사람 | 인 |
|---|---|
| ノ | ㇏ |
| 삐침 별 | 파임 불 |
| 남자 | 여자 |

福 복 民 민 正 정 音 음

✦ 창세기 2장 ─────→ ✦ ✦ ✦

7여호와 하나님이 흙으로 사람을 지으시고 생기를 그 코에 불어 넣으시니 살아나 남자(사람)가 되니라 여호와 하나님이 동방

의 에덴에 동산을 창설하시고 그 지으신 사람을 거기 두시고

21. 여호와 하나님이 아담을 깊이 잠들게 하시니 잠들매 그가 그 갈빗대 하나를 취하고 살로 대신 채우시고

22. 여호와 하나님이 아담에게서 취하신 그 갈빗대로 여자를 만드시고 그를 아담에게로 이끌어 오시니

23. 아담이 가로되 이는 내 뼈 중의 뼈요 살 중의 살이라 이것을 남자에게서 취하였은즉 여자라 칭하리라 하니라

24. 이러므로 남자가 부모를 떠나 그 아내와 연합하여 둘이 한 몸을 이룰지로다

## 訓 훈 民 민 正 정 音 음

(하나님의 말씀을 따라)　　認(알 인), 忍(참을 인)
부끄러움을 살피는 존재　　받아들이고 견디다

하나님의 말씀 안에서 부끄러움을 살피며
모든 것을 받아들이고 견디며
하나님의 영광을 위하여 살아가는 존재

# 말씀 언(言)

| 말씀 | | 언 |
|:---:|:---:|:---:|
| 一 | 三 | 口 |
| 한 일 | 석 삼 | 입 구 |
| 하나님 | 세 가지 | 말씀 |

## 福 복 民 민 正 정 音 음

✦ **창세기 12장**

1. 여호와께서 아브람에게 이르시되 너는 너의 본토 친척 아
   비 집을 떠나 내가 네게 지시할 땅으로 가라
2. 내가 너로 큰 민족을 이루고 네게 복을 주어 네 이름을 창

대하게 하리니 너는 복의 근원이 될지라

3. 너를 축복하는 자에게는 내가 복을 내리고 너를 저주하는
   자에게는 내가 저주하리니 땅의 모든 족속이 너를 인하여
   복을 얻을 것이니라 하신지라


말의 특성으로 살펴보면,

1. 학연 · 지연 · 혈연을 떠나 하나님 뜻에 맞는 말을 하라.
2. 말은 자신의 이름과 함께 많은 사람에게 전하여 지고 영향
   을 주니 복된 말을 하라
3. 축복된 말을 하는 자에게는 복이 오고, 저주하는 자에게는
   저주가 오리니(내가 말한 것이 내게로 되돌아온다) 이로 말
   미암아 많은 사람들이 깨달아 복을 얻으리라.


# 訓 훈 民 민 正 정 音 음

(하나님의 뜻에 맞는)          언제나, 언니, 언덕,
      말을 쓰라               항상, 천천히, 부드럽게


말(언어)은 하나님의 뜻에 맞는 말을 하며,
천천히 부드럽게 하여야 한다.

| 믿을 | 신 |
|---|---|
| 亻 | 言 |
| 사람 | 말씀 |
| 아브라함 | 하나님의 세 말씀 |

福 복 民 민 正 정 音 음

✦ 창세기 5장 ──── ✦ ✦ ✦

24. 에녹이 하나님과 동행하더니 하나님이 그를 데려가시므로
세상에 있지 아니하였더라

1. 여호와께서 아브람에게 이르시되 너는 너의 본토 친척 아
   비 집을 떠나 내가 네게 지시할 땅으로 가라

2. 내가 너로 큰 민족을 이루고 네게 복을 주어 네 이름을 창
   대하게 하리니 너는 복의 근원이 될지라

3. 너를 축복하는 자에게는 내가 복을 내리고 너를 저주하는
   자에게는 내가 저주하리니 땅의 모든 족속이 너를 인하여
   복을 얻을 것이니라 하신지라

4. 이에 아브람이 여호와의 말씀을 따라갔고 롯도 그와 함께
   갔으며 아브람이 하란을 떠날 때에 칠십오 세였더라

# 訓 훈 民 민 正 정 音 음

| (하나님의 말씀을) | 新(새로울 신), 辛(매울 신), 신발, |
| 믿다, 동행하다 | 지키고 보호하다 |

믿음은 하나님의 말씀과 동행함이요

그 길은 기쁘고 새로우며 아픔도 따르나

하나님께서 지켜 주십니다.

# 從

| 좇을 | | 종 |
|:---:|:---:|:---:|
| 彳 | 从 | 龰 |
| 사람 | 산 | 지게를<br>진 사람 |
| 아브라함 | 모리아산 | 이삭이 지게를 지고 |

福 복 民 민 正 정 音 음

✦ 창세기 22장 ──────→ ✦ ✦ ✦

1. 그 일 후에 하나님이 아브라함을 시험하시려고 그를 부르
   시되 아브라함아 하시니 그가 이르되 내가 여기 있나이다

2. 여호와께서 이르시되 네 아들 네 사랑하는 독자 이삭을 데리고 모리아 땅으로 가서 내가 네게 지시하는 한 산 거기서 그를 번제로 드리라

3. 아브라함이 아침에 일찍이 일어나 나귀에 안장을 지우고 두 사환과 그 아들 이삭을 데리고 번제에 쓸 나무를 쪼개어 가지고 떠나 하나님의 자기에게 지시하시는 곳으로 가더니

4. 제삼일에 아브라함이 눈을 들어 그곳을 멀리 바라본지라

5. 이에 아브라함이 사환에게 이르되 너희는 나귀와 함께 여기서 기다리라 내가 아이와 함께 저기 가서 경배하고 너희에게로 돌아오리라 하고

6. 아브라함이 이에 번제 나무를 취하여 그 아들 이삭에게 지우고 자기는 불과 칼을 손에 들고 두 사람이 동행하더니

訓 훈 民 민 正 정 音 음

(하나님의 말씀을)      終(마칠 종), 鐘(종 종)
따르다, 좇아가다        끝날까지, 한결같이

하나님께서 원하시면 자신의 가장 소중한 것도
즉시 올려 드리는 행동을 나타내며
끝날까지 한결같아야 하겠습니다.

올
从
산
갈보리산

十
십자가
십자가

래
人
사람
예수님

福 복民 민正 정音 음

✦ 갈보리산 위에 ──────→ ✦ ✦ ✦

1. 갈보리산 위에 십자가 섰으니 주가 고난을 당한 표라

   험한 십자가를 내가 사랑함은 주가 보혈을 흘림이라

62    복음과 훈음

2. 멸시천대 받은 주의 십자가에 나의 마음이 끌리도다
   귀한 어린양이 세상 죄를 지고 험한 십자가 지셨도다
3. 험한 십자가에 주가 흘린 피를 믿는 맘으로 바라보니
   나를 용서하고 내 죄 사하시려 주가 흘리신 보혈이라
4. 주님 예비하신 나의 본향 집에 나를 부르실 그날에는
   영광 중에 계신 우리 주와 함께 내가 죽도록 충성하리
후렴: 최후 승리를 얻기까지 주의 십자가 사랑하리
   빛난 면류관 받기까지 험한 십자가 붙들겠네


# 訓 훈 民 민 正 정 音 음


(왕이신 예수님이)           명령을 전하는 의미어
오다                     ~하래

## 未(미)                  ## 來(래)
아직 오지 않은, 양          십자가 은혜

예수님께서 갈보리산 위 십자가에 달리시어
하나님의 뜻을 이루실 때까지의 시간

## 來(내)                  ## 日(일)

왕이신 예수님이 다시 오시는 날

# 狠

| 간절할 | | 간 |
|---|---|---|
| 爪 | 勿 | 艮 |
| 손톱 조 | 말 물 | 그칠 간 |
| 움켜잡다 | 힘쓰다 | 어긋나다 |


福 복 民 민 正 정 音 음

✦ **창세기 32장** ──────→ ✦ ✦ ✦

24. 야곱은 홀로 남았더니 어떤 사람이 날이 새도록 야곱과 씨
름하다가

25. 그 사람이 자기가 야곱을 이기지 못함을 보고 야곱의 환도 뼈를 치매 야곱의 환도뼈가 그 사람과 씨름할 때에 위골되 었더라

26. 그 사람이 가로되 날이 새려하니 나로 가게 하라 야곱이 가로되 당신이 내게 축복하지 아니하면 가게 하지 아니하 겠나이다

27. 그 사람이 그에게 이르되 네 이름이 무엇이냐 그가 가로되 야곱이니이다

28. 그 사람이 가로되 네 이름을 다시는 야곱이라 부를 것이 아니요 이스라엘이라 부를 것이니 이는 네가 하나님과 사 람으로 더불어 겨루어 이기었음이니라

## 訓 훈 民 민 正 정 音 음

간절하다                    間(사이 간), 看(볼 간)
                                    사이

하나님께서 들어 주실 때까지
(환도뼈가 어긋나기까지)
매달리며 구한다

| 나 | 아 |
|---|---|
| 手 | 刀 → 戈 |
| 손 수 | 창 과 |
| 손에 | 칼을 잡고 |

福 복 民민正정音 음

✦ 창세기 22장 ━━━━→ ✦ ✦ ✦

9. 하나님이 그에게 지시하신 곳에 이른지라 이에 아브라함이
그곳에 단을 쌓고 나무를 벌여 놓고 그 아들 이삭을 결박하

여 단 나무 위에 놓고

10. 손을 내밀어 칼을 잡고 그 아들을 잡으려 하더니

11. 여호와의 사자가 하늘에서부터 그를 불러 가라사대 아브
라함아 아브라함아 하시는지라 아브라함이 가로되 내가
여기 있나이다 하매

12. 사자가 가라사대 그 아이에게 네 손을 대지 말라 아무 일
도 그에게 하지 말라 네가 네 아들 네 독자라도 내게 아끼
지 아니하였으니 내가 이제야 네가 하나님을 경외하는 줄
을 아노라

# 訓 훈 民 민 正 정 音 음

| 살아 있음(생존)을 느끼는 | 芽(싹 아), 兒(아이 아), 아~ |
| 주체 | 깨어나다 |

모든 사람은 하나님께서 지으셨으므로
'하나님을 경외함이 나 된 본질'임을 깨달아
깨어나야 하겠습니다.

| 바를 | 정 |
|---|---|
| 一 | 止 |
| 한 일 | 그칠 지 |
| 하나님의 말씀 | 지키다 |

福 복 民 민 正 정 音 음

✦ 창세기 2장 ━━━━━➤ ✦ ✦ ✦

15. 여호와 하나님이 그 사람을 이끌어 에덴동산에 두어 그것
    을 경작하며 지키게 하시고

16. 여호와 하나님이 그 사람에게 명하여 이르시되 동산 각종 나무의 실과는 네가 임의로 먹되

17. 선악을 알게 하는 나무의 실과는 먹지 말라 네가 먹는 날에는 정녕 죽으리라 하시니라

# 訓 훈 民 민 正 정 音 음

(하나님의 말씀을 지키는 것)　　淨(깨끗할 정), 貞(곧을 정)
　　　　바르다　　　　　　　　　　　깨끗하다

하나님의 말씀을 지키는 바른 생활로
깨끗해져야 하겠습니다.

| 옳을 | 의 |
|------|-----|
| 羊 | 我 |
| 양 양 | 나 아 |
| 하나님의 백성 | 하나님을 경외함 |

福 복 民 민 正 정 音 음

✦ 창세기 6장 ──────→ ✦ ✦ ✦

8. 그러나 노아는 여호와께 은혜를 입었더라

9. 노아의 사적은 이러하니라 노아는 의인이요 당대에 완전한

자라 그가 하나님과 동행하였으며

✦　**창세기 25장**　────────→　✦　✦　✦

35. 내가 주릴 때에 너희가 먹을 것을 주었고 목마를 때에 마시게 하였고 나그네 되었을 때에 영접하였고

36. 벗었을 때에 옷을 입혔고 병들었을 때에 돌아보았고 옥에 갇혔을 때에 와서 보았느니라

40. 임금이 대답하여 가라사대 내가 진실로 너희에게 이르노니 너희가 여기 내 형제 중에 지극히 작은 자 하나에게 한 것이 곧 내게 한 것이니라 하시고

## 訓 훈 民 민 正 정 音 음

(하나님의 백성을 섬기는 것)　　　衣(옷 의), 疑(의심할 의)
옳다　　　　　　　　　　　　(은혜를) 입다

하나님을 경외함으로
백성을 섬기는 것이 옳으며
하나님께서 의인이라 하십니다.

靈

| 성령 | | | 영 |
|------|------|------|------|
| 雨 | 口口口 | 从 | 工 |
| 비 우 | 말씀(씨앗) | 좇을 종 | 이룰 공 |
| 돕다 | 말씀(씨앗) | 순종 | 이루다 |

福 복 民 민 正 정 音 음

✦ 창세기 2장 ━━━━ ✦ ✦ ✦

1. 사흘 되던 날에 갈릴리 가나에 혼인이 있어 예수의 어머니
도 거기 계시고

2. 예수와 그 제자들도 혼인에 청함을 받았더니

3. 포도주가 모자란지라 예수의 어머니가 예수에게 이르되 저
   희에게 포도주가 없다 하니

4. 예수께서 이르시되 여자여 나와 무슨 상관이 있나이까 내
   때가 아직 이르지 아니하였나이다

5. 그 어머니가 하인들에게 이르되 너희에게 무슨 말씀을 하
   시든지 그대로 하라 하니라

6. 거기 유대인의 결례를 따라 두세 통 드는 돌항아리 여섯이
   놓였는지라

7. 예수께서 저희에게 이르시되 항아리에 물을 채우라 하신즉
   아구까지 채우니

8. 이제는 떠서 연회장에게 갖다 주라 하시매 갖다 주었더니

9. 연회장은 물로 된 포도주를 맛보고도 어디서 났는지 알지
   못하되 물 떠온 하인들은 알더라


✦ 요한복음 6장 ──────→ ✦ ✦ ✦

63. 살리는 것은 영이니 육은 무익하니라 내가 너희에게 이른
    말은 영이요 생명이라

# 訓 훈 民 민 正 정 音 음

| | |
|---|---|
| 하나님의 역사하심으로<br>이루어 나타내다 | 暎(비칠 영), 影(그림자 영)<br>퍼져 나가다 |

하나님의 말씀을 받아 순종하면
하나님께서 이루어 주십니다.

넋 혼(魂)

魂

넋                             혼

云        丿        田        儿厶

구름 운     삐침 별      밭 전      사사로움을
가진

(비가 없는)   남자              사사로움을
안개       (아담)     에덴       품은

# 福복民민正정音음

**✦ 창세기 1장** ────➤ ✦ ✦ ✦

2. 땅이 혼돈하고 공허하며 흑암이 깊음 위에 있고 하나님의
   영은 수면에 운행하시니라

**✦ 창세기 2장** ────➤ ✦ ✦ ✦

5. 여호와 하나님이 땅에 비를 내리지 아니하셨고 땅을 갈 사
   람도 없었으므로 들에는 초목이 아직 없었고 밭에는 채소
   가 나지 아니하였으며
6. 안개만 땅에서 올라와 온 지면을 적셨더라
7. 여호와 하나님이 땅의 흙으로 사람을 지으시고 생기를 그
   코에 불어 넣으시니 살아나 남자(사람)가 되니라
8. 여호와 하나님이 동방의 에덴에 동산을 창설하시고 그 지
   으신 사람을 거기 두시니라

6. 여자가 그 나무를 본즉 먹음직도 하고 보암직도 하고 지혜
롭게 할 만큼 탐스럽기도 한 나무인지라


# 訓 훈 民 민 正 정 音 음

사람의 마음에 품은 　　混(섞을 혼), 昏(어두울 혼)
생각, 정신 　　　　　섞이다


땅의 흙으로 사람이 지어졌으므로
사람의 마음에는 땅의 속성
(먹음직, 보암직, 탐심 등)이 섞여 있습니다.

## 복 복(福)

# 福

| 복 | | 복 | |
|---|---|---|---|
| 示 | 一 | 口 | 田 |
| 보일 시 | 한 일 | 입 구 | 밭 전 |
| 보여 주다 | 하나님 | 말씀 | 에덴 |

福 복 民민正정音음

✦ 창세기 1장 ━━━✦ ✦ ✦ ✦

26. 하나님이 가라사대 우리의 형상을 따라 우리의 모양대로

우리가 사람을 만들고 그로 바다의 고기와 공중의 새와 육축과 온 땅과 땅에 기는 모든 것을 다스리게 하자 하시고

27. 하나님이 자기 형상 곧 하나님의 형상대로 사람을 창조하시되 남자와 여자를 창조하시고

28. 하나님이 그들에게 복을 주시며 그들에게 이르시되 생육하고 번성하여 땅에 충만하라, 땅을 정복하라, 바다의 물고기와 공중의 새와 땅에 움직이는 모든 생물을 다스리라 하시니라


✦ 시편 1장 ━━━━✦ ✦ ✦ ✦

1. 복 있는 사람은 악인들의 꾀를 따르지 아니하며 죄인들의 길에 서지 아니하며 오만한 자들의 자리에 앉지 아니하고

2. 오직 여호와의 율법을 즐거워하여 그의 율법을 주야로 묵상하는도다

3. 그는 시냇가에 심은 나무가 철을 따라 열매를 맺으며 그 잎사귀가 마르지 아니함 같으니 그가 하는 모든 일이 다 형통하리로다

# 訓 훈 民민正정音음

(하나님께서 주시는)　　覆(덮을 복), 服(옷 복), 複(겹칠 복)
　　은혜　　　　　　　　　　　　덮다

하나님께서 사람을 창조하시고
그들이 세상을 어떻게 살아가야 하는지를
에덴을 본보기로 福(복)을 주셨습니다.

| 착할 | 선 |
|---|---|
| 羊 | 言 |
| 양 양 | 말씀 언 |
| 하나님의 백성 | 하나님의 말씀 |

福 복 民 민 正 정 音 음

✦ 창세기 18장 ———✦ ✦ ✦

16. 예수께서 그 어린 아이들을 불러 가까이하시고 이르시되

어린 아이들이 내게 오는 것을 용납하고 금하지 말라 하나

님의 나라가 이런 자의 것이니라

17. 내가 진실로 너희에게 이르노니 누구든지 하나님의 나라
를 어린아이와 같이 받들지 않는 자는 결단코 들어가지 못
하리라 하시니라

18. 어떤 관원이 물어 가로되 선한 선생님이여 내가 무엇을 하
여야 영생을 얻으리이까

19. 예수께서 이르시되 네가 어찌하여 나를 선하다 일컫느냐
하나님 한 분 외에는 선한 이가 없느니라

## 訓 훈 民 민 正 정 音 음

하나님 말씀에
붙어 있다

船(배 선), 線(줄 선)
서 있다

말씀으로 백성을 돌보시는 분은
오직 하나님 한 분이시다.

# 허물 죄(罪)

| 허물 | 죄 |
|---|---|
| 罒 | 非 |
| 그물 망 | 아닐 비 |
| 갇히다 | 믿지 않다 |

## 福복民민正정音음

✦ 요한복음 16장 ━━━━✦ ✦ ✦

7. 그러나 내가 너희에게 실상을 말하노니 내가 떠나가는 것
   이 너희에게 유익이라 내가 떠나가지 아니하면 보혜사가

너희에게로 오시지 아니할 것이요 가면 내가 그를 너희에게로 보내리니

8. 그가 와서 죄에 대하여, 의에 대하여, 심판에 대하여 세상을 책망하시리라

9. 죄에 대하여라 함은 그들이 나를 믿지 아니함이요

10. 의에 대하여라 함은 내가 아버지께로 가니 너희가 다시 나를 보지 못함이요

11. 심판에 대하여라 함은 이 세상 임금이 심판을 받았음이라


# 訓 훈 民 민 正 정 音 음


하나님을 믿지 않는
잘못

조이다, 모두


하나님의 말씀을 믿지 않는 것이
죄입니다.

# 배 선(船)

# 船

| 배 | | 선 |
|---|---|---|
| 舟 | 八 | 口 |
| 배 주 | 여덟 팔 | 입 구 |
| 방주 | 여덟 | 사람 |

## 福 복 民 민 正 정 音 음

✦ **창세기 6장** ━━━✦ ✦ ✦

3. 하나님이 노아에게 이르시되 모든 혈육 있는 자의 강포가
   땅에 가득하므로

14. 너는 잣나무로 너를 위하여 방주를 짓되 그 안에 간들을 막고 역청으로 그 안팎에 칠하라 그 끝날이 내 앞에 이르렀으니 내가 그들을 땅과 함께 멸하리라

15. 그 방주의 제도는 이러하니 장이 삼백 규빗, 광이 오십 규빗, 고가 삼십 규빗이며

16. 거기 창을 내되 위에서부터 한 규빗에 내고 그 문은 옆으로 내고 상 중 하 삼층으로 할찌니라

17. 내가 홍수를 땅에 일으켜 무릇 생명의 기식 있는 육체를 천하에서 멸절하리니 땅에 있는 자가 다 죽으리라

18. 그러나 너와는 내가 내 언약을 세우리니 너는 네 아들들과 네 아내와 네 자부들과 함께 그 방주로 들어가고

19. 혈육 있는 모든 생물을 너는 각기 암수 한 쌍씩 방주로 이끌어 들여 너와 함께 생명을 보존케 하되

20. 새가 그 종류대로, 육축이 그 종류대로, 땅에 기는 모든 것이 그 종류대로 각기 둘씩 네게로 나아오리니 그 생명을 보존하게 하라

# 訓 훈 民 민 正 정 音 음

배다, 싣다, 품다       善(착할 선), 線(줄 선)
배다              서 있다

배는 사람이나 짐을 운송하므로 침몰되지 않도록
항상 바로 서 있어야 한다.

| 왼 | 좌 | 오른쪽 | 우 |
|---|---|---|---|
| ナ | エ | ナ | 口 |
| 손 수 | 장인 공 | 손 수 | 입 구 |
| 붙잡다 | 우상 | 붙잡다 | 하나님의 말씀 |

福 복 民 민 正 정 音 음

✦ 마태복음 25장 ━━━━◆ ✦ ✦ ✦

31. 인자가 자기 영광으로 모든 천사와 함께 올 때에 자기 영
   광의 보좌에 앉으리니

32. 모든 민족을 그 앞에 모으고 각각 분별하기를 목자가 양과 염소를 분별하는 것같이 하여

33. 양은 그 오른편에, 염소는 왼편에 두리라

34. 그때에 임금이 그 오른편에 있는 자들에게 이르시되 내 아버지께 복 받을 자들이여 나아와 창세로부터 너희를 위하여 예비된 나라를 상속하라

# 訓 훈 民 민 正 정 音 음

## 左

外(바깥 외) 쪽        座(자리 좌), 坐(앉을 좌)

왼                방관하다, 가만있다

우상을 붙잡는 것은 왼쪽 벗어난 길이다.

## 右

옳은 쪽        雨(비 우), 友(벗 우)

오른                돕다

하나님의 말씀을 붙잡는 것이 옳은 길이다.

| 가을 | 추 | 거둘 | 수 |
|------|------|------|------|
| 禾 | 火 | 니 | 夂 |
| 벼 화 | 불 화 | 얽을 구 | 뒤쳐져 올 치 |
| 알곡 | 불 | 얽다 | 쭉정이 |

福 복 民 민 正 정 音 음

✦ 마태복음 13장 ━━━━➤ ✦ ✦ ✦

30. 둘 다 추수 때까지 함께 자라게 두어라 추수 때에 내가 추
    숫군들에게 말하기를 가라지는 먼저 거두어 불사르게 단

으로 묶고 곡식은 모아 내 곳간에 넣으라 하리라

36. 이에 예수께서 무리를 떠나사 집에 들어가시니 제자들이
    나아와 가로되 밭의 가라지의 비유를 우리에게 설명하여
    주소서

37. 대답하여 가라사대 좋은 씨를 뿌리는 이는 인자요

38. 밭은 세상이요 좋은 씨는 천국의 아들들이요 가라지는 악
    한 자의 아들들이요

39. 가라지를 심은 원수는 마귀요 추수 때는 세상 끝이요 추숫
    군은 천사들이니

40. 그런즉 가라지를 거두어 불에 사르는 것같이 세상 끝에도
    그리하리라

訓 훈 民 민 正 정 音 음

| 火 | ㄴ | 夂 | 쭉정이는 먼저 얽어서 |
|---|---|---|---|
| 태우다 | 얽다 | 쭉정이 | 불사르고 |

| 禾 | 收 | 알곡은 모아 |
|---|---|---|
| 알곡 | 거두다 | 곳간에 넣으리라 |

| 구원할 | 구 | 도울 | 원 |
|---|---|---|---|
| 求 | 攵 | 扌 | 爰 |
| 구할 구 | 칠 복 | 손 수 | 이에 원 |
| 돕다 | 때리다 | 손 | 당기다 |

福 복 民민正정 音 음

✦ 마태복음 13장 ━━━━━━◆ ◆ ◆ ◆

19. 아름다운 열매를 맺지 아니하는 나무마다 찍혀 불에 던지
우느니라

20. 이러므로 그의 열매로 그들을 알리라

21. 나더러 주여 주여 하는 자마다 천국에 다 들어갈 것이 아니요 다만 하늘에 계신 내 아버지의 뜻대로 행하는 자라야 들어가리라

22. 그 날에 많은 사람이 나더러 이르되 주여 주여 우리가 주의 이름으로 선지자 노릇하며 주의 이름으로 귀신을 쫓아내며 주의 이름으로 많은 권능을 행치 아니하였나이까 하리니

23. 그때에 내가 저희에게 밝히 말하되 내가 너희를 도무지 알지 못하니 불법을 행하는 자들아 내게서 떠나가라 하리라

24. 그러므로 누구든지 나의 이 말을 듣고 행하는 자는 그 집을 반석 위에 지은 지혜로운 사람 같으리니

25. 비가 내리고 창수가 나고 바람이 불어 그 집에 부딪히되 무너지지 아니하나니 이는 주초를 반석 위에 놓은 연고요

26. 나의 이 말을 듣고 행치 아니하는 자는 그 집을 모래 위에 지은 어리석은 사람 같으리니

27. 비가 내리고 창수가 나고 바람이 불어 그 집에 부딪히매 무너져 그 무너짐이 심하니라

20. 이러므로 그의 열매로 그들을 알리라

21. 나더러 주여 주여 하는 자마다 천국에 다 들어갈 것이 아니요 다만 하늘에 계신 내 아버지의 뜻대로 행하는 자라야

들어가리라

22. 그 날에 많은 사람이 나더러 이르되 주여 주여 우리가 주
의 이름으로 선지자 노릇하며 주의 이름으로 귀신을 쫓아
내며 주의 이름으로 많은 권능을 행치 아니하였나이까 하
리니

23. 그때에 내가 저희에게 밝히 말하되 내가 너희를 도무지 알
지 못하니 불법을 행하는 자들아 내게서 떠나가라 하리라

24. 그러므로 누구든지 나의 이 말을 듣고 행하는 자는 그 집
을 반석 위에 지은 지혜로운 사람 같으리니

25. 비가 내리고 창수가 나고 바람이 불어 그 집에 부딪히되
무너지지 아니하나니 이는 주초를 반석 위에 놓은 연고요

26. 나의 이 말을 듣고 행치 아니하는 자는 그 집을 모래 위에
지은 어리석은 사람 같으리니

27. 비가 내리고 창수가 나고 바람이 불어 그 집에 부딪히매
무너져 그 무너짐이 심하니라

# 訓 훈 民민正정 音음

求 ㅤ 扌 ㅤ 爰
구하다 ㅤ 손으로 ㅤ 매달리다

매달리는 자를 도와
구하여 주다

攵 ㅤ 扌 ㅤ 爰
치다 ㅤ 손으로 ㅤ 매달리다

매달리는 자를 쳐서
떨어뜨리다

## 구원 십자가

信
믿을 　 　 신
하나님께서
지켜 주신다

靈 我 　 從 　 義 魂
성령 영 나 아 　 좇을 종 　 옳을 의 넋 혼
하나님께서 　 나된 본질 　 한결같이 　 섬기는 자 　 땅의 속성
이루심 　 (경외함)

來
올 래
예수님께서
다시 오심

救 援
구원할구 도울원

손잡아 주심
쳐서 버리심

하나님을 경외하며
동행하고 정의를 행하는
영혼의 사람들을
주님께서 구원하십니다

# 부수한자의 이해

| NO | 字<br>자 | 訓<br>훈 | 音<br>음 | 意<br>뜻 |
|----|------|--------|--------|----------------|
| 1 | 一 | 한 | 일 | 하나, 하나님 |
| 2 | 三 | 석 | 삼 | 세 가지 |
| 3 | 口 | 입 | 구 | 말씀, 사람 |
| 4 | 人 | 사람 | 인 | 사람 |
| 5 | 亻 | 사람 | 인 | 사람(서 있는) |
| 6 | 從 | 좇을 | 종 | 산, 종 |
| 7 | 十 | 열 | 십 | 십자가, 열매 |
| 8 | 爪 | 손톱 | 조 | 잡다 |
| 9 | 勿 | 말 | 물 | 힘쓰다 |
| 10 | 艮 | 어긋날 | 간 | 어긋나다 |
| 11 | 罒 | 그물 | 망 | 갇히다 |
| 12 | 非 | 아닐 | 비 | 아니 된다 |
| 13 | 刂 | 칼 | 도 | 칼, 자르다 |

| 14 | 目 | 바라볼 | 목 | 바라보다 |
|---|---|---|---|---|
| 15 | 手 | 손 | 수 | 손 |
| 16 | 戈 | 창 | 과 | 창 |
| 17 | 田 | 밭 | 전 | 에덴 |
| 18 | 止 | 그칠 | 지 | 삼가다 |
| 19 | 正 | 바를 | 정 | 바르다 |
| 20 | 羊 | 양 | 양 | 백성 |
| 21 | 雨 | 비 | 우 | 돕다 |
| 22 | 工 | 장인 | 공 | 이루다, 우상 |
| 23 | 云 | 구름 | 운 | 안개 |
| 24 | 儿 | 어질 | 인 | 어질다, 사사로움이 없는 |
| 25 | 厶 | 사사로울 | 사 | 사사로움 |
| 26 | 王 | 임금 | 왕 | 왕, 예수님 |
| 27 | 乚 | 숨을 | 은 | 품다 |
| 28 | 丿 | 삐침 | 별 | 생명, 사람, 남자 |
| 29 | 乀 | 파임 | 불 | 여자, 갈빗대 |
| 30 | 示 | 보일 | 시 | 보여 주다 |

# 팔복의 말씀

# 팔복(八福)의 말씀 이해

✦ **마태복음 5장** ━━━━✦ ✦ ✦ ✦

1. 예수께서 무리를 보시고 산에 올라가 앉으시니 제자들이 나아온지라

2. 입을 열어 가르쳐 가라사대

3. 마음이 가난한 자는 복이 있나니 천국이 저희 것임이요

4. 슬퍼하는 자는 복이 있나니 저희가 위로를 받을 것임이요

5. 온유한 자는 복이 있나니 저희가 땅을 기업으로 받을 것임이요

6. 의에 주리고 목마른 자는 복이 있나니 저희가 배부를 것임이요

7. 긍휼히 여기는 자는 복이 있나니 저희가 긍휼히 여김을 받을 것임이요

8. 마음이 청결한 자는 복이 있나니 저희가 하나님을 볼 것임이요

9. 화평케 하는 자는 복이 있나니 저희가 하나님의 아들이라 일컬음을 받을 것임이요

10. 의를 위하여 핍박을 받은 자는 복이 있나니 천국이 저희 것임이라

11. 나를 인하여 너희를 욕하고 핍박하고 거짓으로 너희를 거스려 모든 악한 말을 할 때에는 너희에게 복이 있나니

12. 기뻐하고 즐거워하라 하늘에서 너희의 상이 큼이라 너희 전에 있던 선지자들을 이같이 핍박하였느니라


마태복음 5장 예수님의 산상수훈을 읽어 보면, 확실히 이해할 수는 없지만 무언가 깊은 은혜가 느껴집니다.

특히 팔복의 말씀은 사람들에게 은혜를 주시는 말씀인 것 같은데 명확히 알 수가 없었습니다. 그러나 복음과 훈음의 관계를 통하여 그 의미를 살펴보면 말씀의 의미가 명확하게 드러나게 될 것입니다.


✦ **마태복음 6장** ━━━━━✦ ✦ ✦ ✦

33. 그런즉 너희는 먼저 그의 나라와 그의 의를 구하라 그리하면 이 모든 것을 너희에게 더하시리라

팔복의 말씀은 하나님께서 에덴을 삶의 모델로 보여 주신 것같이 예수님께서 "먼저 그 나라와 그의 의를 구하라"는 말씀에 대한 풀이로, 이 시대에 믿는 자들에게 주시는 말씀인 줄로 여겨집니다.

그런데 팔복의 말씀을 자세히 살펴보기 전에, 한 가지 짚고 넘어가야 할 사항이 있습니다.

개역개정과 개역한글 성경에는 '심령(心靈)이 가난한 자', '애통(哀痛)하는 자'로 번역이 되어 있습니다.

그런데 '심령(心靈)이 가난한 자'는 마음밭에 하나님의 말씀이 없다는 것인데 어떻게 천국이 저희 것이 되겠는지요?

'애통(哀痛)하는 자'는 죽은 사람에 대하여 슬퍼하며 마음 아파한다는 것인데 어떻게 하나님의 위로를 받을 수 있는지요?

그러므로 각각 '마음이 가난한 자', '슬퍼하는 자'로 번역되어야 말씀이 정리될 것입니다(공동번역, 우리말 성경, 표준새번역).

# 마음이 가난한(儿) 자

"마음이 가난한(儿) 자는 복이 있나니
  천국이 저희 것임이요"

사람의 마음속에 가득 차 있는 것이 무엇일까요?

보암직, 먹음직, 바로 탐심(貪心)이지요.

탐심이 없다면 마음이 비어 가난하다는 것입니다.

바로 한자어로는 儿(어질 인), 사사로움이 없는 어진 사람을
뜻하는 글자입니다.

정리하면, 복이 있는 사람은 '마음에 탐심이 없는 어진 사람으
로 저희가 천국을 살고 있다'는 것입니다.

## 슬퍼하는(悲) 자

"슬퍼하는 자(悲)는 복이 있나니
저희가 위로를 받을 것임이요"

슬퍼하는 자를 이해하려면 '悲(슬플 비)'의 의미를 알아야 하겠지요. 悲(비) 자를 파자하면 '非(아닐 비)'와 '心(마음 심)'으로 나눌 수 있습니다.

$$悲 \rightarrow 非 + 心$$

非(아닐 비)는 (하나님의 말씀을 따르지 않으면) '안 된다, 옳지 않다'는 뜻입니다(참조 罪와 罰).

하여 悲(슬플 비)는 하나님을 믿지 아니하는 사람들을 마음에 품고 슬퍼하는 것을 뜻하는 글자입니다.

정리하면, 복이 있는 사람은 '하나님을 믿지 아니하는 사람들을 마음에 품고 눈물로 기도함으로 하나님께서 그들을 돌이키게 도와주어 저희를 위로해 주신다'는 것입니다.

# 온유(溫柔)한 자

"온유(溫柔)한 자는 복이 있나니
저희가 땅을 기업으로 받을 것임이요"

온유(溫柔)한 자는 溫(따뜻할 온), 柔(부드러울 유)로 온화하고 유순한 사람을 가리키는 글자입니다.

어떤 사람들일까요? 바로 농부와 같은 사람입니다.

때를 따라 씨를 뿌리고 그들이 자라나는 것을 보살피고, 비바람이 불어 쓰러진 작물들은 바로 세워 주고, 태풍으로 모든 것을 잃어버려도 원망하지 아니하고 다시 눈물을 흘리며 씨를 뿌리는 농부의 마음을 나타내는 것이지요.

하나님의 말씀을 전하는 일에 어떤 경우를 당하여도 원망이나 낙망하지 아니하고 온유함으로 주신 사명을 이루어 가는 이러한 자들에게는 하나님께서 하나님의 일을 할 수 있도록 터전을 주신다는 것이지요.

정리하면, 복이 있는 사람은 '온유(농부의 마음)함으로 하나님의 말씀을 전하고 인도하며 하나님께서 저희를 위하여 터전을 마련해 주신다'는 것입니다.

# 의(義)에 주리고 목마른 자

"의(義)에 주리고 목마른 자는 복이 있나니
　저희가 배부를 것임이요"

　먼저 義(옳을 의)의 한자어 풀이를 참조하시기 바랍니다.
　義(의)는 하나님을 경외하며 하나님의 백성들을 보살피고 섬
기는 사람을 뜻하는 글자입니다.

　의에 주리고 목마른 자는 '하나님의 백성들을 섬기고자 배고프
고 목말라 한다'는 의미입니다.
　정리하면, 복이 있는 사람은 '하나님의 백성들을 섬기고자 갈
망하며 하나님께서 저희에게 백성들을 보내 주시어 배부르게 하
여 주신다'는 것입니다.

# 긍휼(矜恤)히 여기는 자

"긍휼(矜恤)히 여기는 자는 복이 있나니
저희가 긍휼히 여김을 받을 것임이요"

긍휼(矜恤)의 사전적 의미는 '불쌍히 여겨 돌보아 준다'는 뜻입니다. 한자어 자체로는 이제 막 자라나는 여린 싹이 잘 자랄 수 있도록 돌보아 주는 의미를 가지고 있습니다.

하여 '의에 주리고 목마른 자'에게 보내 주신 백성, 이제 하나님께로 돌아온 여린 사람들을 생명을 다하는 마음으로 잘 돌보아 준다는 것이지요.

정리하면, 복이 있는 사람은 '이제 하나님께로 돌아온 어린 백성들을 온전하게 자랄 수 있도록 잘 돌보며 저희도 하나님께 긍휼히 여김을 받는다'는 것입니다.

# 마음이 청결(淸潔)한 자

"마음이 청결(淸潔)한 자는 복이 있나니
  저희가 하나님을 볼 것임이요"

청결(淸潔)은 淸(맑을 청), 潔(깨끗할 결)로 '맑고 깨끗함'을
뜻합니다.

그러므로 마음이 청결한 자란, 마음이 맑고 깨끗한 사람, 마음
에 더러움이 없는 사람입니다.

하나님께서 보내 주신 백성들을 청결한 마음을 가지고 돌보는
사람은 하나님과 함께하고 있는 것이지요.

정리하면, 복이 있는 사람은 '하나님께서 보내 주신 백성들을
맑고 깨끗한 마음으로 돌보며 저희가 항상 하나님을 바라보며
살고 있다'는 것입니다.

# 화평(和平)케 하는 자

"화평(和平)케 하는 자는 복이 있나니
저희가 하나님의 아들이라 일컬음을 받을 것임이요"

화평(和平)은 和(화할 화)와 平(평평할 평)으로 사전적으로는 화목하고 평온하다는 뜻입니다.

和(화할 화)는 서로 어울려 화목함을 뜻하며, 平(평평할 평)은 같아진다는 뜻입니다. 서열이나 재능이나 빈부의 차이 등 모든 격차에 구애받지 않고 서로 동등한 인격으로서 어울리는 것이지요.

정리하면, 복이 있는 사람은 '하나님께서 보내 주신 여러 계층의 사람들을 서로 화평하도록 인도하며 저희가 사람들로부터 하나님의 아들이라 불리게 된다'는 것입니다.

참고로, 평화(平和)는 서열이나 재능이나 빈부 등 모든 면에서로 대등하게, 즉 똑같은 위치에서 서로 어울린다는 뜻입니다.

전쟁과 평화는 반대 개념으로 알고 있는 분들이 많을 것입니다. 그런데 전쟁(戰爭)이 끝나면 평화(平和)가 찾아옵니다. 그러므로 전쟁과 평화는 동의어라 할 수도 있겠습니다.

전쟁을 통하여 패전국은 모든 삶의 터전이 부서져서 모든 사람은 패망한 평등의 삶, 즉 '모두가 빈곤하여 격차가 없어지고 동등하게 어울려 살아가는 삶'을 살게 되는 것이지요.

# 의(義)를 위하여 핍박을 받은 자

"의(義)를 위하여 핍박을 받은 자는 복이 있나니
천국이 저희 것임이라"

핍박(逼迫)은 억누르고 괴롭히는 것입니다.

이렇게 하나님께서 보내 주신 백성들을 잘 섬기는 자들에게는 반드시 하나님의 일을 방해하는 악한 자들의 핍박이 있다는 것입니다.

정리하면, 복이 있는 사람은 '하나님의 일을 방해하는 사단의 핍박을 이기는 자들이며 하늘의 천국이 저희 것'이라는 것입니다.

하나님께서 주신 복을 마음에 새기고 '항상 기뻐하고 즐거워하며, 우리 전에 있던 선지자들과 같이 핍박을 이기며 하나님께서 주신 사명을 다하는 자들에게는 하늘의 상이 크다'고 하셨습니다.

# 천지창조의
# 이해

# 열매 맺는 나무를 내라!

　　　성경의 말씀이 한자를 통하여 풀어짐에 흥미와 용기를 갖게 되었고, 그동안 이해하기 어려웠던 창세기의 천지창조에 관심을 가지게 되었습니다.

　이에 창세기 1~3장의 말씀을 읽으며 한자와 관련되는 문장들을 살피며 읽게 되었습니다. 관련되는 한자가 풀어질 때마다 "밭에 감추인 보화를 발견함" 같은 기쁨이 넘쳤습니다. 과연 창세기 말씀에서 많은 관련 한자를 발견하게 되었습니다.

　창세기 1~3장을 읽고 생각하며 또 읽는 중에 창세기 1장 11절에 하나님께서 땅에게 "열매 맺는 나무를 내라" 하신 말씀에 눈이 꽂히게 되었습니다. '나무를 내라니 하나님이 창조하신 게 아니고 땅이 나무를 만든 것인가? 왜 그렇지?' 궁금해하며 말씀들을 살펴보게 되었습니다.

✦　**창세기 1장** ━━━━✦ ✦ ✦

11. 하나님이 이르시되 땅은 풀과 씨 맺는 채소와 각기 종류대

로 씨 가진 열매 맺는 나무를 내라 하시니 그대로 되어

20. 하나님이 이르시되 물들은 생물을 번성하게 하라 땅 위 하늘의 궁창에는 새가 날으라 하시고

24. 하나님이 이르시되 땅은 생물을 그 종류대로 내되 가축과 기는 것과 땅의 짐승을 종류대로 내라 하시니 그대로 되니라

'땅이 나무를 만들고, 물이 생물을 번성하게 하고, 궁창이 새들을 날게 하고, 땅이 생물과 짐승을 만들었나? 그럴 리가 없을 텐데, 만물은 하나님께서 창조하신 것인데….'라고 생각하며 창세기 2장을 읽는데, 그때 눈에 들어오는 말씀이 있었습니다.

✦ 창세기 2장 ━━━━━✦ ✦ ✦

4. 이것이 천지가 창조될 때에 하늘과 땅의 내력이니 여호와 하나님이 땅과 하늘을 만드시던 날에

5. 여호와 하나님이 땅에 비를 내리지 아니하셨고 땅을 갈 사람도 없었으므로 들에는 초목이 아직 없었고 밭에는 채소가 나지 아니하였으며

6. 안개만 땅에서 올라와 온 지면을 적셨더라

7. 여호와 하나님이 땅의 흙으로 사람을 지으시고 생기를 그 코에 불어 넣으시니 살아나 사람(남자)이 되니라

8. 여호와 하나님이 동방의 에덴에 동산을 창설하시고 그 지으신 사람을 거기 두시니라

9. 여호와 하나님이 그 땅에서 보기에 아름답고 먹기에 좋은 나무가 나게 하시니 동산 가운데에는 생명나무와 선악을 알게 하는 나무도 있더라


하나님께서 하늘과 땅을 만드시고, 셋째 날 나무와 채소가 나지 아니하였을 때 땅의 흙으로 아담을 지으시고 동방의 에덴에 동산을 창설하셔서 그 땅에서 보기에 아름답고 먹기에 좋은 나무가 나게 하셨습니다.

그리고 창세기 1장 11절의 말씀과 같이 "풀과 씨 맺는 채소와 각기 종류대로 씨 가진 열매 맺는 나무를 내라." 땅에게 명하시니 땅이 그대로 내었던 것이었습니다.

이렇게 하나님께서 에덴에 땅의 식물과 하늘의 새와 땅의 생물을 그 종류대로 창조하시고, 하늘과 땅과 물에 명하시어 그들을 번성하게 하셨던 것임을 발견하게 되었습니다.

전능하신 하나님이 왜 에덴에 먼저 나무들을 만드시고 세상에

번성하게 하셨는지 묵상하며 '완전하신 하나님'을 생각하게 되었습니다.

또 '하나님은 하늘과 땅을 창조하시고 왜 사람(아담)을 먼저 만드시고 에덴을 창조하셨는가? 에덴은 무엇을 상징하는 것인가?'를 생각하게 되었습니다.

아담(사람)을 먼저 만드시고 만물을 지으신 것이, 하나님께서 사람을 위하여 모든 만물을 지으시고 그를 통하여 영광을 받으시려는 하나님의 뜻임을 알게 되었습니다.

또한 에덴은 '사람들이 살아가야 하는 모델을 보여 주시는 것이 아닌가?'라는 생각이 들었습니다.

# 창조의 정립

지금까지 우리가 알고 있던 천지창조에서 사람은 모두 여섯째 날에 창조되었다고 믿어 온 것이 잘못된 것임을 발견하게 되었습니다.

하나님의 창조는 창세기 1장과 2장을 합쳐야 창조의 질서가 완성될 것이라는 확신으로, 2장의 내용을 1장의 해당 날에 삽입하여 편집하게 되었습니다.

창조의 순서를 1장과 2장을 합하여 편집하여 정리하였으나, 여섯째 날에 창조하신 사람들과 에덴의 아담과 이브와의 관계를 밝혀야 하는 숙제가 있었습니다. 에덴의 아담과 이브와 세상 사람들과의 연결고리가 있어야 하는데 찾을 수가 없어 고심하게 되었습니다.

2021년 4월 어느 날, 직장 동료가 자신이 섬기는 '성락성결교회' 담임목사님의 말씀이 좋다고 들어 보라고 하였습니다. 출근길에 유튜브에서 찾아 듣게 되었는데, 마침 여섯째 날의 사람들을 창조하시는 말씀이었습니다.

지형은 목사님께서 창세기 1장 27절과 28절의 말씀을 읽어 주시는데, 천천히 "하나님이 자기 형상 곧 하나님의 형상대로 사람을 창조하시되 남자와 여자를 창조하시고…" 이어서 천천히 또박또박하게 "하나님이 그들에게 복을 주시며…" 말씀하시는데, 그 순간 바로 뇌리에 들어오는 것이었습니다.

에덴이 아담과 이브와 바깥사람들과의 연관된 말씀이 무엇인지 알 수 없어 고심하던 그 말씀이 '바로 이거구나!' 하고 알게 되었습니다.

바로 복(福)이라는 말씀이었던 것이었습니다. '복(福)' 자가 에덴의 모든 것을 보여 준다는 뜻의 형상자(形象字)였던 것입니다.

이로써 하나님이 아담을 셋째 날에 지으시고 만물을 창조하시고, 여섯째 날에 이브와 에덴 밖 세상 사람들을 창조하신 천지창조의 과정을 정립하게 되었습니다.

# 천지창조의 과정

## 첫째 날

1-1   태초에 하나님이 천지를 창조하시니라

1-2   땅이 혼돈하고 공허하며 흑암이 깊음 위에 있고 하나님
      의 영은 수면에 운행하시니라

1-3   하나님이 이르시되 빛이 있으라 하시니 빛이 있었고

1-4   그 빛이 하나님이 보시기에 좋았더라 하나님이 빛과 어
      두움을 나누사

1-5   빛을 낮이라 부르시고 어두움을 밤이라 부르시니라 저
      녁이 되고 아침이 되니 이는 첫째 날이니라


## 둘째 날

1-6   하나님이 이르시되 물 가운데 궁창이 있어 물과 물로
      나뉘라 하시고

1-7   하나님이 궁창을 만드사 궁창 아래의 물과 궁창 위의
      물로 나뉘게 하시니 그대로 되니라

1-8   하나님이 궁창을 하늘이라 부르시니라 저녁이 되고 아
      침이 되니 이는 둘째 날이니라

## 셋째 날

1-9  하나님이 이르시되 천하의 물이 한곳으로 모이고 뭍이
드러나라 하시니 그대로 되니라

1-10  하나님이 뭍을 땅이라 부르시고 모인 물을 바다라 부르
시니 하나님이 보시기에 좋았더라

2-4  이것이 천지가 창조될 때에 하늘과 땅의 내력이니 여호
와 하나님이 땅과 하늘을 만드시던 날에

2-5  여호와 하나님이 땅에 비를 내리지 아니하셨고 땅을 갈
사람도 없었으므로 들에는 초목이 아직 없었고 들에는
채소가 나지 아니하였으며

2-6  안개만 땅에서 올라와 온 지면을 적셨더라

2-7  여호와 하나님이 흙으로 사람을 지으시고 생기를 그 코
에 불어 넣으시니 살아나 사람(남자)이 된지라

2-8  여호와 하나님이 동방의 에덴에 동산을 창설하시고 그
지으신 사람을 거기 두시고

2-9  여호와 하나님이 그 땅에서 보기에 아름답고 먹기에 좋
은 나무가 나게 하시니 동산 가운데에는 생명 나무와
선악을 알게 하는 나무도 있더라

2-10  강이 에덴에서 흘러나와 동산을 적시고 거기서부터 갈
라져 네 근원이 되었으니

2-11  첫째의 이름은 비손이라 금이 있는 하윌라 온 땅에 둘

렸으며

2-12 그 땅의 금은 정금이요 그곳에는 베델리엄과 호마노도 있으며

2-13 둘째 강의 이름은 기혼이라 구스 온 땅에 둘렸고

2-14 셋째 강의 이름은 힛데겔이라 앗수르 동쪽으로 흘렀으며 넷째 강은 유브라데더라

2-15 여호와 하나님이 그 사람을 이끌어 에덴동산에 두어 그것을 경작하며 지키게 하시고

2-16 여호와 하나님이 그 사람에게 명하여 이르시되 동산 각종 나무의 열매는 네가 임의로 먹되

2-17 선악을 알게 하는 나무의 열매는 먹지 말라 네가 먹는 날에는 반드시 죽으리라 하시니라

2-18 여호와 하나님이 이르시되 사람이 혼자 사는 것이 좋지 못하니 내가 그를 위하여 돕는 배필을 지으리라 하시니라

1-11 하나님이 이르시되 땅은 풀과 씨 맺는 채소와 각기 종류대로 씨 가진 열매 맺는 나무를 내라 하시니 그대로 되어

1-12 땅이 풀과 각기 종류대로 씨 맺는 채소와 각기 종류대로 씨 가진 열매 맺는 나무를 내니 하나님이 보시기에 좋았더라

1-13  저녁이 되고 아침이 되니 이는 셋째 날이니라


## 넷째 날

1-14  하나님이 이르시되 하늘의 궁창에 광명체들이 있어 낮과 밤을 나뉘게 하고 그것들로 징조와 계절과 날과 해를 이루게 하라

1-15  또 광명체들이 하늘의 궁창에 있어 땅을 비추라 하시니 그대로 되니라

1-16  하나님이 두 큰 광명체를 만드사 큰 광명체로 낮을 주관하게 하시고 작은 광명체로 밤을 주관하게 하시며 또 별들을 만드시고

1-17  하나님이 그것들을 하늘의 궁창에 두어 땅을 비추게 하시며

1-18  낮과 밤을 주관하게 하시며 빛과 어두움을 나뉘게 하시니 하나님이 보시기에 좋았더라

1-19  저녁이 되고 아침이 되니 이는 넷째 날이니라


## 다섯째 날

2-19  여호와 하나님이 흙으로 각종 들짐승과 공중의 각종 새를 지으시고 아담이 무엇이라고 부르나 보시려고 그것들을 그에게로 이끌어 가시니 아담이 각 생물을 부르는

것이 곧 그 이름이 되었더라

1-20 하나님이 이르시되 물들은 생물로 번성케 하라 땅 위 하늘의 궁창에는 새가 날으라 하시고

1-21 하나님이 큰 바다 짐승들과 물에서 번성하여 움직이는 모든 생물을 그 종류대로, 날개 있는 모든 새를 그 종류대로 창조하시니 하나님이 보시기에 좋았더라

1-22 하나님이 그들에게 복을 주어 이르시되 생육하고 번성하여 여러 바닷물에 충만하라 새들도 땅에 번성하라 하시니라

1-23 저녁이 되고 아침이 되니 이는 다섯째 날이니라


여섯째 날

1-24 하나님이 이르시되 땅은 생물을 그 종류대로 내되 가축과 기는 것과 땅의 짐승을 종류대로 내라 하시니 그대로 되니라

1-25 하나님이 땅의 짐승을 그 종류대로, 가축을 그 종류대로, 땅에 기는 모든 것을 그 종류대로 만드시니 하나님이 보시기에 좋았더라

2-20 아담이 모든 가축과 공중의 새와 들의 모든 짐승에게 이름을 주니라 아담이 돕는 배필이 없으므로

2-21 여호와 하나님이 아담을 깊이 잠들게 하시니 잠들매 그

가 그 갈빗대 하나를 취하고 살로 대신 채우시고

2-22 여호와 하나님이 아담에게서 취하신 그 갈빗대로 여자를 만드시고 그를 아담에게로 이끌어 오시니

2-23 아담이 이르되 이는 내 뼈 중의 뼈요 살 중의 살이라 이 것을 남자에게서 취하였은즉 여자라 부르리라 하니라

2-24 이러므로 남자가 부모를 떠나 그 아내와 합하여 둘이 한 몸을 이룰지로다

2-25 아담과 그 아내 두 사람이 벌거벗었으나 부끄러워하지 아니하니라

1-26 하나님이 이르시되 우리의 형상을 따라 우리의 모양대로 우리가 사람을 만들고 그들로 바다의 물고기와 하늘의 새와 가축과 온 땅과 땅에 기는 모든 것을 다스리게 하자 하시고

1-27 하나님이 자기 형상 곧 하나님의 형상대로 사람을 창조하시되 남자와 여자를 창조하시고

1-28 하나님이 그들에게 복을 주시며 그들에게 이르시되 생육하고 번성하여 땅에 충만하라, 땅을 정복하라, 바다의 물고기와 공중의 새와 땅에 움직이는 모든 생물을 다스리라 하시니라

1-29 하나님이 이르시되 내가 온 지면의 씨 맺는 모든 채소와 씨 가진 열매 맺는 모든 나무를 너희에게 주노니 너희의 먹을거리가 되리라

1-30 또 땅의 모든 짐승과 하늘의 모든 새와 생명이 있어 땅에 기는 모든 것에게는 내가 모든 푸른 풀을 먹을거리로 주노라 하시니 그대로 되니라

1-31 하나님이 그 지으신 모든 것을 보시니 보시기에 심히 좋았더라 저녁이 되고 아침이 되니 이는 여섯째 날이니라


## 일곱째 날(안식)

2-1 천지와 만물이 다 이루어지니라

2-2 하나님이 그가 하시던 일을 일곱째 날에 마치시니 그가 하시던 모든 일을 그치고 일곱째 날에 안식하시니라

2-3 하나님이 그 일곱째 날을 복되게 하사 거룩하게 하셨으니 이는 하나님이 그 창조하시며 만드시던 모든 일을 마치시고 그날에 안식하셨음이니라

제5부

# 사람 그리고
# 사랑과 사단

# 생뚱한 단어? '부모'

창세기 1장과 2장, 3장을 읽으며 한자와 관계되는 말씀을 찾아보는 중에 다소 생뚱한 단어가 보였습니다.

✦ **창세기 2장** ━━━━━✦ ✦ ✦ ✦

24. 이러므로 남자가 부모를 떠나 그 아내와 합하여 둘이 한 몸을 이룰지로다

"하나님께서 창조하신 아담과 이브가 이제 한 몸이 되는데 '부모'라는 단어가 왜 나오는 것이지?" 좀 생뚱하다고 생각했지만 그 이유를 알 수는 없었습니다.

더욱이 예수님께서 이혼에 대하여 마태복음 19장 5절에 이 말씀을 인용하시면서 바리새인들을 꾸짖으셨으니, 다소 생뚱하기는 하나 잘못된 말씀이라 할 수도 없었습니다.

궁금했지만 '무슨 이유가 있겠지!' 하며 일단은 그렇게 지나갔습니다.

# 사람(四覽)의 정의(定意)

　　복음과 훈음을 생각하며 보내던 중 어느 유튜브 방송에서 '覽(볼 람)'에 대하여 '세숫대야에 비치는 자신의 얼굴을 살피는 모습을 바라보는 형상자'라고 하는 말을 들었습니다.

　그 방송을 듣고 "사람이라는 말의 '람'도 같은 의미가 아닐까?"라는 생각이 들었습니다. 그래서 '사람'에 대하여 묵상하게 되었습니다.

　우리가 사용하는 언어 가운데 한자어에서 들어온 것이 많습니다. 만일 '람'이 '볼 람(覽)'이라면 '사'는 무슨 한자어일까요? '생각 사(思)'일까요, '일 사(事)'일까요, '넉 사(四)'일까요?

　'사'의 한자어를 '람(覽)'자와 결합하여 생각해 보니, 떠오르는 말씀이 바로 위의 창세기 말씀이었습니다. "이러므로 남자가 부모를 떠나 그 아내와 합하여 둘이 한 몸을 이룰지로다"에서 '사람 인(人=丿+乀)' 자를 발견하였었는데, 이 말씀에서 드러나는 관계가 하나님, 부모, 부부, 이웃이라는 네 가지입니다.

　이러한 사실을 발견하게 되어 '사람'의 '사'는 '넉 사(四)'가 됨을 깨달았습니다. 아울러 '부모'라는 단어가 들어 있게 된 것도 이해하게 되었습니다.

'사람'의 사전적 의미는,

1. 생각을 하고 언어를 사용하며, 도구를 만들어 쓰고 사회를 이루어 사는 동물.
2. 어떤 지역이나 시기에 태어나가나 살고 있거나 살았던 자.
3. 일정한 자격이나품격을 갖춘 이.

로 정의하나 성경의 말씀으로 보면 '사람(四覽)'은 '하나님, 부모, 부부, 이웃의 네 관계에서 부끄러움이 있는지를 살피며 모든 것을 받아들이고 견디며 하나님의 영광을 위하여 살아가는 존재'임을 깨닫게 되었습니다.

# 사랑과 사단(四斷)

이어서 '사랑'이라는 단어도 한자어가 아닐까 생각하게 되었습니다. 사람에서와 같이 사랑의 '사' 자도 '넉 사(四)'라고 보면 '랑'은 어떤 한자일까요? 고민하며 한자어를 찾아보았지만 합당한 자가 보이지 않았습니다.

우리말에 '랑' 자가 들어 있는 언어를 생각하니 '너랑 나랑 우리랑'이 떠오르고, '랑'에 대하여 사전을 찾아보니 '어떤 행동을 함께하거나 상대로 하는 대상임을 나타내는 격조사'라고 표현되어 있었습니다. 하여 '랑'은 '함께하는, 이어 주는' 단어로 풀이되었습니다.

네 가지 함께하는, 이어 주는 것이 과연 무엇일까 생각하다가 사랑을 나타내는 한자어를 찾아보았습니다. 여러 한자어 중에서 사랑에 가장 합당한 한자어를 찾아보게 되었습니다.

'사랑'에 대하여는 부모가 자녀를 키우면서 쏟는 부모의 마음보다 더 명확하게 설명할 수 있는 관계는 없을 것입니다.

하여 부모가 자녀를 아끼는 마음을 생각하며 한자어를 찾아보니 사랑을 표현하는 '자(慈), 애(愛), 정(情), 혜(惠)' 넉 자로 정리되었습니다.

- 慈(사랑 자): 자녀에 대한 염려를 한시도 놓지 못하는 마음.
- 愛(사랑 애): 자녀가 비록 부족해도 덮어 주고 감싸 주는 마음.
- 情(뜻 정): 자녀에게 마음을 다하여 보살피는 마음.
- 惠(베풀 혜): 자녀에게 물심으로 아낌없이 베풀어 주는 마음.

부모가 위의 4가지 중 하나도 부족함이 없이 자녀와 함께하며 돌보는 것이 '부모들의 자녀에 대한 사랑'임을 깨닫게 되었습니다.

'사랑'의 사전적 의미는

1. 어떤 사람이나 존재를 몹시 아끼고 귀중히 여기는 마음, 또는 그런 일.
2. 어떤 사물이나 대상을 아끼고 소중히 여기거나 즐기는 마음, 또는 그런 일.
3. 남을 이해하고 돕는 마음, 또는 그런 일.

로 정의하지만 삶의 정서로 보면 '사랑'은 '자(慈), 애(愛), 정(情), 혜(惠)' 중 하나의 빠짐도 없이 네 가지 마음을 품고 사람들과 함께하는 것이라 하겠습니다.

　이렇게 사랑에 대한 우리말을 정리하고 보니 '사단'이라는 단어가 떠올랐고 '사단'의 '단' 자는 '끊을 단(斷)'이 됨이 보였습니다.

　따라서 사랑에 대한 네 가지 마음 중에서 한 가지라도 결핍되게 하여 사랑이 부족하게 함으로 사람들과의 관계가 불편하게 되어 끊어지게 하는 것이 '사단(四斷)'이라 하겠습니다.

## 사랑과 사단

| 사 랑 覽 | | | | 사 단 四 斷 |
|---|---|---|---|---|
| 하나님 | 부끄러움이 있는지를 살피며 모든 것을 받아들이고 견디며 하나님의 영광을 위하여 살아가는 존재 | 사 랑 四 | 사랑 자 慈 | 어머니의 마음으로 품다 |
| 부모님 | | | 사랑 애 愛 | 부족한 사람을 보살피다 |
| 부 부 | | (~함께)<br>(이어 주는) | 뜻 정 情 | 정성으로 마음을 다하다 |
| 이 웃 | | | 은혜 혜 惠 | 몸심으로 베풀다 |

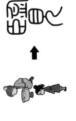
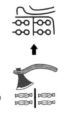

覽(볼 람) : 세숫대야 물에 비친 자신의 얼굴을 보며 부끄러움이 있는지를 살피는 자신을 바라보는 형상

斷(끊을 단) : 실타래같이 서로 이어져 결합되어 있는 것을 도끼로 자르는 형상

제6부

# 원죄설의 오류

영(靈)의 말씀 이해
혼(魂)의 말씀 이해

## 영(靈)의 말씀 이해

창세기 1~3장을 읽고 또 읽으면서 말씀과 관련된 한자어 男, 女, 人 등을 발견하게 되었습니다.

하나님을 믿는 사람들에게 영(靈)과 혼(魂)은 특히 중요한 단어인데 그 의미를 모르고 혼용하여 사용하는 것 같아 영(靈)과 혼(魂)에 대한 명확한 의미를 알고 싶었습니다.

먼저, '靈(영)'을 파자하면 다음과 같습니다.

$$靈 \rightarrow 雨 + 口\,口\,口 + 巫$$

'雨(비 우)'는 열매를 맺도록 돕는 것이고 '口口口'는 씨앗을 표현한 자형(字形)으로 말씀을 뜻하며 '巫'는 무당을 나타내는데 '무당 무'가 무슨 의미인지 먼저 풀어져야만 했습니다.

어느 날 유튜브에서 '스터디 한자 신유승 선생님'의 강의를 들는 중에 "'文(문)' 자가 들어 있는 한자어는 '문'의 의미인 '통한다' 라는 뜻을 갖고 있다."는 내용의 방송을 들었습니다.

'巫'가 풀어져야 했는데 유투브에서의 강사가 하신 말씀이 생각나면서 '巫(무당 무)'와 '無(없을 무)'가 동음인 것을 발견하게 되어 '巫'가 풀이되면서 '靈(성령 영)' 자가 풀어지게 되었습니다.

또한 우리 언어에서도 동음의 단어들이 공통적인 의미가 있음을 발견하게 되었으며, 한자어 우리말 풀이 '훈(訓)과 음(音)'에 대하여 생각하게 되었습니다.

# 혼(魂)의 말씀 이해

그동안 말씀으로 풀어진 한자어를 재정리하고 천지창조를 정립한 것을 보완하여 소책자를 다시 만들었고 지인들에게 전하였습니다.

창조과학으로 사역하시는 153쉼터교회 김명현 박사님께 책자를 전하고 싶은 마음이 들어 2021년 5월 1일 15시에 교회를 찾아가 뵈었고 소책자를 전하여 드렸습니다.

그날 박사님은 강의 중에 "영혼(靈魂)이란 영(靈)이란 단어와 혼(魂)이란 단어의 합성어이며 '영(靈)을 소유한 혼(魂)'이란 합성어"라고 하시며 "영(靈)은 혼(魂)을 구원하는 것"이라고 하셨습니다.

'혼(魂)'은 넋(생각)이라고 알고 있었지만 그 정확한 의미를 몰랐기 때문에 성경 말씀으로 한자어가 명확히 풀어져야만 했습니다. 그리하여 魂을 해 보았습니다.

$$魂 → 云 + 丿 + 田 + 儿厶$$

云에 눈길이 갔습니다. '雲(구름 운)'에서 '雨(비 우)'가 없는 자 '云(운)'이었습니다. 창세기 2장 4~8절의 말씀을 펴 살펴보았습니다.

### ✦ 창세기 2장 ━━━━◆ ✦ ✦ ✦

4. 이것이 천지가 창조될 때에 하늘과 땅의 내력이니 여호와 하나님이 땅과 하늘을 만드시던 날에

5. 여호와 하나님이 땅에 비를 내리지 아니하셨고 땅을 갈 사람도 없었으므로 들에는 초목이 아직 없었고 밭에는 채소가 나지 아니하였으며

6. 안개만 땅에서 올라와 온 지면을 적셨더라

7. 여호와 하나님이 땅의 흙으로 사람을 지으시고 생기를 그 코에 불어 넣으시니 살아나 사람(남자)이 되니라

8. 여호와 하나님이 동방의 에덴에 동산을 창설하시고 그 지

으신 사람을 거기 두시니라

창세기 2장 4~8절의 말씀과 연관이 되었으나 '儿厶'가 무엇인지 풀리지 아니하여 고심하다가 '儿(어질 인)'에 '厶(사사로울 사)'가 무엇인가 생각했지만 알 수가 없었습니다.

고정관념을 버리려고 했지만 갈피를 못 잡고 있는데, 순간 '儿(어질 인)'의 의미가 새롭게 보였습니다. "어질다는 것이 뭐지?" 스스로에게 반문하며 "사사로움이 없는 것이잖아!" 하고 儿(어질 인)의 의미가 드러남으로써 '혼(魂)'의 의미가 밝혀졌습니다.

바로 사사로움을 품은(먹음직, 보암직, 지혜롭게 할 만큼 탐스러운) 이브의 고백이 '혼(魂)'의 정체임을 알게 된 것입니다. 이렇게 魂을 말씀으로 밝히게 되니 영혼(靈魂)의 의미가 무엇인지 명확하게 드러나게 되었습니다.

더불어 우리말을 우리 자신들도 명확하게 알지 못하고 습관적으로 사용하고 있음을 알게 되었습니다.


'혼(魂)'을 훈(訓)과 음(音)의 의미로 살펴보며 창세기 1~3장을 묵상하니, 우리가 알고 있었던 아담과 하와가 선악과를 먹는 죄를 지어 우리에게 죄가 들어왔다는 '원죄설'은 성경을 잘못 해석한 것임을 발견하게 되었습니다.

즉 '혼(魂)'이란 땅의 속성으로서 하와가 고백한 먹음직, 보암직, 지혜롭게 할 만큼 탐스러움 등으로 하나님께서 땅의 흙으로 지으신 사람의 속성을 나타내는 것이었습니다.

하나님께서는 이러한 연약한 존재에게 말씀(靈)을 주시고 영광을 받으시려고 사람을 창조하신 것이었습니다. 즉, 사람이 하나님의 말씀(靈)을 받아 연약함(魂혼)을 이김으로 인하여 '하나님의 영광'을 드러내시고자 하신 것이었습니다.

그리하여 하나님께서 생명나무와 선악을 알게 하는 나무를 두신 이유와 그들을 에덴에서 추방하신 이유를 알 것 같았습니다. 그리고 그들에게 가죽옷을 지어 입히시고 에덴 밖으로 내보내신 것도 은혜임을 알게 되었습니다.


✦ **창세기 3장** ━━━━✦ ✦ ✦ ✦


20. 아담이 그의 아내의 이름을 하와라 불렀으니 그는 모든 산 자의 어머니가 됨이더라


오랜 세월 동안 원죄에 갇혀 말씀에 어두웠던 긴 터널에서 벗어나 자유함을 느끼게 되었습니다.

# 제7부

# 삼위일체설의
# 오류

하나님의 영은 수면 위에 운행하시니라

창세기 1장과 2장의 이해

# 하나님의 영은 수면 위에 운행하시니라

　　복(福)과 혼(魂)의 형성자의 이해를 통하여 에덴의 아담과 이브와 에덴 밖의 사람들과의 관계를 명확하게 정립하게 되었습니다.

　하여 창세기 1장과 2장을 통합하여 창조 역사를 정리한 것을 A3로 복사하여 청년들이 관심을 가지기 바라며 본당 정수대 벽에 붙여 놓았습니다.

　하지만 벽에 붙여 놓은 지 1년의 시간이 흘러도 관심을 보이지 않아 창세기 1~2장을 복사하여 2022년 5월에 통합한 것과 나란히 붙여 놓아 관심을 유도하였습니다.

　붙여 놓은 말씀이 청년들의 관심을 이끌지 못하였지만, 나 자신이 매일 읽어 보면서 '왜 천지창조의 역사를 1장과 2장으로 나누어 놓았을까? 어떻게 다른 것일까?' 하는 의구심이 들었습니다.

　2022년 11월 초, 여느 때와 같이 벽에 붙여 놓은 말씀을 읽는데 눈에 들어오는 것이 있었습니다.

## 창세기 1장 ━━━━✦ ✦ ✦ ✦

1. 태초에 하나님이 천지를 창조하시니라

2. 땅이 혼돈하고 공허하며 흑암이 깊음 위에 있고 하나님의 영은 수면 위에 운행하시니라

3. 하나님이 이르시되 빛이 있으라 하시니 빛이 있었고

4. 빛이 하나님이 보시기에 좋았더라 하나님이 빛과 어둠을 나누사

5. 하나님이 빛을 낮이라 부르시고 어둠을 밤이라 부르시니라 저녁이 되고 아침이 되니 이는 첫째 날이니라

6. 하나님이 이르시되 물 가운데에 궁창이 있어 물과 물로 나뉘라 하시고

7. 하나님이 궁창을 만드사 궁창 아래의 물과 궁창 위의 물로 나뉘게 하시니 그대로 되니라

8. 하나님이 궁창을 하늘이라 부르시니라 저녁이 되고 아침이 되니 이는 둘째 날이니라

9. 하나님이 이르시되 천하의 물이 한 곳으로 모이고 뭍이 드러나라 하시니 그대로 되니라

10. 하나님이 뭍을 땅이라 부르시고 모인 물을 바다라 부르시니 하나님이 보시기에 좋았더라

11. 하나님이 이르시되 땅은 풀과 씨 맺는 채소와 각기 종류대

로 씨 가진 열매 맺는 나무를 내라 하시니 그대로 되어

12. 땅이 풀과 각기 종류대로 씨 맺는 채소와 각기 종류대로 씨 가진 열매 맺는 나무를 내니 하나님이 보시기에 좋았더라

13. 저녁이 되고 아침이 되니 이는 셋째 날이니라

14. 하나님이 이르시되 하늘의 궁창에 광명체들이 있어 낮과 밤을 나뉘게 하고 그것들로 징조와 계절과 날과 해를 이루게 하라

15. 또 광명체들이 하늘의 궁창에 있어 땅을 비추라 하시니 그대로 되니라

16. 하나님이 두 큰 광명체를 만드사 큰 광명체로 낮을 주관하게 하시고 작은 광명체로 밤을 주관하게 하시며 또 별들을 만드시고

17. 하나님이 그것들을 하늘의 궁창에 두어 땅을 비추게 하시며

18. 낮과 밤을 주관하게 하시고 빛과 어둠을 나뉘게 하시니 하나님이 보시기에 좋았더라

19. 저녁이 되고 아침이 되니 이는 넷째 날이니라


2절의 "하나님의 영은 수면 위에 운행하시니라"는 말씀에 꽂힌

것입니다. 이에 '아, 성령 하나님이 일하고 계신 것이구나!'라고 보였습니다.

이어서 말씀을 살펴보니, '~ 하시고, ~ 그대로 되니라, 하나님이 보시기에 좋았더라' 같은 말씀이 반복되는 것에 집중하게 되었습니다.

하나님께서 말씀을 선포하신 대로 그대로 이루어지고 그것이 하나님이 보시기에 좋았더라는 말씀으로 보니, 그렇다면 "말씀을 선포하시는 분은 누구이시며, 말씀대로 이루시는 분은 누구이시며, 보시기에 좋았다고 기뻐하시는 이는 누구이신가?" 살펴보았습니다.

1절의 천지를 창조하실 때 하나님은 어디에 계셨을까요? 분명 창조물 안에 계시지는 않았겠지요?

선포된 말씀은 땅에 떨어지지 아니하고 하늘에 그대로 있으며 성령 하나님이 선포된 말씀을 받아 그대로 이루시는 것이 아닌지요?

마치 집을 지을 때 건축주의 뜻에 따라 설계된 도면대로 목수가 그대로 집을 지어 완성되면 건축주가 기뻐하는 것과 같은 이치가 아닐까 싶습니다.

2절의 "땅이 혼돈하고 공허하며 흑암이 깊음 위에 있고~", 3절의 "빛이 있으라 하시니 빛이 있었고"를 보면, 오직 빛(지혜와 명철)만이 땅의 어두움(먹음직, 보암직, 탐스런)을 물리치고 세상을 밝힐 수 있으므로 하나님께서 만물을 지으시기 전에 있게 하셨습니다.

잠언 8장의 지혜와 명철의 말씀과 요한복음 1장이 증거하는 것과 같이 말씀이 육신이 되어 빛으로 오신 하나님, 즉 예수님을 말씀하는 것이 아닌지요?

# 창세기 1장과 2장의 이해

하나님의 위격(位格)을 이해하고 보니 창세기 1장과 2장으로 나누어 정리된 것을 이해할 수 있었습니다.

창세기 1장은 하나님께서 함께 역사하심이요, 2장은 오직 창조의 주체자이신 여호와 하나님께서 역사하심을 보여 주는 것이 아닌지요?

창조의 주관자이시신 여호와 하나님, 선포된 말씀 하나님, 말씀대로 이루시는 성령 하나님, 빛 되신 하나님(예수님)으로 4위의 하나님이 계심이 아닌지요?

그러므로 지금까지 알고 있던 삼위일체는 다시 정리되어야 할 것입니다.


✦ **창세기 1장** ━━━━━━✦ ✦ ✦


7. 하나님이 궁창을 만드사 궁창 아래의 물과 궁창 위의 물로 나뉘게 하시니 그대로 되니라

8. 하나님이 궁창을 하늘이라 부르시니라

7절과 8절의 말씀을 읽으며 "하나님이 궁창을 만드셨다고 하는데 어떻게 만드셨을까?" 하고 생각하는데 지구가 보이기 시작했습니다.

하나님께서 우주의 한 공간을 정하시고 그 안에 있는 물질들이 뭉쳐지게 하시고 생긴 공간이 바로 궁창이 되었으며, 뭉쳐진 땅과 물이 지구가 된 것이었습니다. 하여 궁창, 즉 하늘에는 아무것도 없었기 때문에 하나님께서 "보시기에 좋았더라"는 말씀을 하지 않으셨습니다.

태초부터 하나님께서는 지구가 둥글다는 것을 말씀 속에서 나타내시고 있었지만 깨닫지 못하였던 것이지요.

천지창조의 말씀을 묵상하면 할수록 함축된 뜻이 있음을 발견하게 되었습니다.

참으로 하나님의 말씀은 오묘하며 땅에 떨어지지 아니하나니 '풀은 마르고 시드나 우리 하나님의 말씀은 영원히 서리라.'

**제8부**

# 은혜

# 한자와의 만남

2015년 초 학생 교사를 맡게 되었고, 강의 주제를 정해야 하는데 무엇을 할까 고민하던 중에 신약의 복음서 및 사도들의 말씀은 읽기는 쉬워도 말씀을 이해하지 못하였고 구약의 지식도 있어야 했습니다.

창세기 1장에서부터 11장까지는 신화 같아서 읽어도 이해할 수 없는, 더구나 설명하기 어려운 내용이었으나 창세기 12장 이후의 내용은 하나님께서 아브라함에게 찾아오셔서 이스라엘을 세우도록 하시는 내용의 말씀으로 옛날이야기와 역사서와 같은 느낌이었습니다.

한편, 홍수심판 후 하나님께서 인류 역사상 처음으로 아브라함을 택하시고 찾아오셔서 말씀(언약)을 주시고 그 자손들로 하여금 이스라엘을 일으키게 하시고 하나님께서 오늘에 이르도록 역사하셨으니 참으로 중요하게 여겨져 읽게 되었습니다.

아브라함이 75세에 하나님을 만나서 175세에 세상을 떠나기까지 100년 동안에 하나님을 몇 번 만났는가를 세어 보기도 하며 집중하여 읽게 되었습니다.

소서교회 서예신 사모님께서 한자를 공부하고 계셨는데 어느 날 한자에 창세기 말씀이 들어 있다는 이야기를 듣게 되었고, 호기심이 생겨서 사모님께서 보시는『한자에 담긴 창세기의 발견』이라는 책을 빌려서 읽어 보았습니다.

그 책의 내용은 홍콩의 한 선교사가 '船(배 선)' 자의 '삼'을 보고 노아의 방주에 탄 여덟 사람으로 생각하여 한자(漢字)에 관심을 갖게 되었고, 그에 따라 창세기의 말씀으로 한자를 풀이하여 설명한 것이었습니다.

한자(漢字)의 자형(字形)을 보고 말씀을 적용하여 풀이하였으나, 본 한자가 가지고 있는 의미와 상통하지 않아 창세기 말씀이 있다고 동의할 수는 없었습니다.

2016년 봄, 교회의 청소를 마치고 잠시 쉬는데 문득 믿는 사람들에게 중요한 '믿음', '순종', '간구'의 단어가 떠오르며 "아브라함을 믿음의 조상이라고 하는데 왜 그렇지? 그것을 증명할 수 있을까?" 하는 마음의 물음이 떠올랐습니다.

무심코 '信(믿을 신)' 자를 마음에 써 보고 생각하며 '人(인)'과 '言(언)'으로 파자하며 생각했습니다. "人(인)은 사람을 나타내니 아브라함이라고 하면 言(언)은 무엇일까?"

언젠가 사모님이 한자에서 '口(입 구)' 자는 사람 또는 하나님 말씀을 의미한다고 하신 말씀이 생각나서 '言(말씀 언)' 자를 하나님 말씀으로 생각하니, 하나님께서 아브라함에게 찾아오셔서 이르신 말씀이 떠올랐습니다.


✦ **창세기 12장** ━━━━━✦ ✦ ✦ ·

1. 여호와께서 아브람에게 이르시되 너는 너의 고향과 친척과 아버지의 집을 떠나 내가 네게 보여 줄 땅으로 가라
2. 내가 너로 큰 민족을 이루고 네게 복을 주어 네 이름을 창대하게 하리니 너는 복이 될지라
3. 너를 축복하는 자에게는 내가 복을 내리고 너를 저주하는 자에게는 내가 저주하리니 땅의 모든 족속이 너로 말미암아 복을 얻을 것이라 하신지라
4. 이에 아브람이 여호와의 말씀을 따라갔고 롯도 그와 함께 갔으며, 아브람이 하란을 떠날 때에 칠십오 세였더라


창세기 12장 1~4절의 말씀을 읽어 보니 1~3절의 말씀이 우리 생활에서 언어를 잘 사용하여야 한다는 듯하였으며, 말씀을 생각하며 정리하니 과연 '言(언)'은 말의 특성에 대한 말씀임을 발견하게 되었습니다.

4절의 "아브라함이 하나님의 말씀을 따라갔고"의 형상자(形象

字)가 '信(신)' 자임을 발견하게 되었습니다. "에녹이 하나님과 동행하였더니"가 바로 하나님을 믿었다는 뜻이었음을 알게 되었습니다.

'한자에 창세기 말씀이 정말 들어 있는 것인가? 설마?' 하며 놀라운 마음에 '信(신)' 자가 증명되었는데 혹시 '순종(順從)'에 대한 한자도 증명이 될까 싶어 호기심으로 테이블 위에 손가락으로 '從' 자를 써 보았습니다.

'從' 자를 쓰고 보니 '从'이 산을 표시하는 기호로 보여 산을 생각하며 从을 쓰고 人과 ㄠ를 아래쪽에 쓰고서 보니 두 사람이 산에 오르는 장면으로 보이며 창세기의 말씀이 생각났습니다.


✦　**창세기 22장** ━━━━━✦ ✦ ✦ ✦


6. 아브라함이 이에 번제 나무를 가져다가 그의 아들 이삭에게 지우고 자기는 불과 칼을 손에 들고 두 사람이 동행하더니


성경을 열고 찾아보니 창세기 22장 6절의 말씀에 아브라함이 이삭에게 나무를 지우고 모리아산을 향하여 올라가는 말씀이 있

었습니다.

'從' 자는 하나님께서 아브라함에게 "모리아산에 가서 이삭을 번제로 드리라"고 하신 하나님의 말씀을 따라 삼 일 길을 가서, 이삭에게 나무를 지우고 함께 모리아산을 오르는 형상자(形象字)의 한자(漢字)임을 발견하게 되었습니다.

하나님을 믿는 사람들에게 중요한 단어인 '믿음', '순종'의 한자어가 말씀으로 증명되는 것이 신기했습니다.

'간구(懇求)'에 대한 '懇(간)' 자도 말씀으로 밝혀질 것이라는 막연한 기대로 파자하여 보았지만, 한자의 지식이 없어 '艮(간)'에 '어긋나다'라는 의미만 확인하고 '야곱이 씨름하다가 환도뼈가 어긋났으니 혹여 관계가 있겠구나!' 하며 다음을 기약하였습니다.

從에서 '从'을 산으로 해석한 것이 임의적 해석이 되면 안 되겠기에 확신할 수 있는 다른 한자를 생각하는데 '來(올 래)'가 떠올랐습니다.

해서 '來(래)' 자를 떠올리며 从, 즉 산이 아래쪽에 있어 먼저 쓰고 '十(십)' 자를 그 위에 쓰는데 "갈보리산 위에 십자가 섰으니 ~ 주가 보혈을 흘림이라"는 찬양이 떠오르며 예수님이 십자가에 달리신 모습으로 '來(래)'가 보였습니다.

'아니, 어떻게 이럴 수가! 한자어에 예수님이 있다니!' 하며 깜

짝 놀라서 未來(미래)와 來日(내일)이라는 한자를 쓰고 그 의미를 생각해 보니, 어린양으로 오신 그분이 십자가에 달리신 그때까지가 미래라는 시간이었으며, 지금은 마지막 때이며 내일은 그분이 오시는 날로서 우리는 그날을 기다리며 살아가는 것이었습니다.

　한순간에 믿음, 순종, 예수님과 관계되는 한자어가 말씀으로 밝혀져서 놀라웠습니다. 과연 한자에 창세기 말씀이 있다는 '놀라움과 신뢰'가 일어났습니다.

# 말씀의 열매

한자(漢字)에 말씀이 있다는 신뢰가 일어나 휴대폰에 말씀 앱과 한자 필기인식 앱을 깔고 한자를 파자(破字)하며 풀이하는 데 열심을 갖게 되었습니다. 더불어 유튜브에서 한자에 대한 강의도 관심을 가지고 듣게 되었습니다.

얼마 후 '艮(간)' 자도 야곱이 압복강가에서 하나님과 씨름하는 장면이 형상화된 것임을 발견하게 되었으며, 이어서 성경의 말씀에 중요한 한자어들을 말씀으로 풀이하는 데 재미가 더해졌습니다.

유튜브에서 목사님들의 설교 말씀 중에 "자아(自我)가 죽어야 한다."는 말씀들이 있어 의구심이 들었습니다. 하나님은 생명을 창조하시는 하나님이시고 백성들을 살리시려는 분이신데 왜 자아(自我)가 죽어야 한다는 걸까요?

'我(아)'라는 것은 씨앗과 같이 그가 가진 본질이기 때문에 그 본질이 죽거나 변질되면 안 된다는 생각이 떠나지 않아 '我'의 한자 의미를 밝혀 보고 싶었습니다.

'我(나 아)'는 '手(손 수)'와 '戈(창 과)'의 합자로 손에 창을 잡은 모양자인데 이것이 '나'와 무슨 관계가 있을까 아무리 생각해

봐도 알 수가 없었습니다.

　어느 날, 소서교회 서예신 사모님께 "사모님은 '我(아)' 자를 어떻게 풀이하시나요?" 하고 여쭈었더니 "하나님께 칼로 가축을 잡아 제사를 드리는 형상자"라고 하셨습니다.

　하나님께 제사를 드리는 것이 '我(나 아)'와 무슨 관계가 있을까 언뜻 이해가 되지 않았습니다. "하나님께 제사를 드리는 것?" 하며 되뇌다가 문득 아브라함이 이삭을 번제로 드리는 장면이 떠올랐습니다.

✦　**창세기 22장** ━━━━━━✦ ✦ ✦ ✦

12. 사자가 이르시되 그 아이에게 네 손을 대지 말라 그에게 아무 일도 하지 말라 네가 네 아들 네 독자까지도 내게 아끼지 아니하였으니 내가 이제야 네가 하나님을 경외하는 줄을 아노라

　창세기 22장 12절에 아브라함이 이삭을 결박하여 제단 나무 위에 놓고 손을 내밀어 칼을 잡고 그 아들을 잡으려 할 때 "네가

네 아들 네 독자까지도 내게 아끼지 아니하였으니 내가 이제야
네가 하나님을 경외하는 줄을 아노라" 하는 말씀이 있었으며,
그중에 하나님을 경외한다는 말씀에 정신이 번쩍 들었습니다.

"바로 이 말씀이구나!"

我의 본질이 '하나님을 경외한다'는 의미임을 알게 되었습니다. 여기서 '刀(칼 도)'를 자신을 상해할 수 없는 '戈(창 과)'로 바꾸어 나타낸 것을 깨닫고서 선조들의 지혜에 놀라지 않을 수 없었습니다. 한자의 심오함을 느끼게 되었습니다.

사람은 하나님의 창조물이므로 그 본질은 누구나 똑같은 하나님의 증표가 있어야 되는데, 그것이 바로 하나님을 경외함이었습니다.


'我(아)'가 말씀으로 풀이되면서 성경의 말씀 중에 중요한 '義(의)'가 밝혀지게 되었고, 한자 풀이 요령도 생겼으며, 이어서 많은 한자들이 말씀으로 풀어지게 되었습니다.

한자(漢字)를 말씀으로 풀이하니 그 한자의 의미가 명확(明確)하게 드러났고, 또한 그를 통해 우리말의 본 의미와 성경의 말씀을 명확하게 밝히게 되었습니다.

말씀을 계속 읽고 묵상함으로써 지금까지 풀리지 않았던 말씀들이 한자를 통하여 풀어지며 성경을 이해하는 데 많은 도움이 되었습니다.

한자에 창세기 말씀이 있음을 확신하게 되었고, 이것을 알게 하신 것이 혼자만 알고 있으라는 것이 아님이 느껴졌습니다. 여러 사람에게 전하여야 한다는 책임감이 들었습니다.

그래서 2018년 12월 그동안 한자와 말씀의 관계를 발견하게 된 과정을 서술하여 소책자를 만들게 되었고, 2019년 봄부터 주변 사람들에게 전하게 되었습니다.

2021년 4월 창조의 순서를 정립하게 되었고, 동년 5월 쉴터교회를 다녀온 후에 원죄설의 오류(誤謬)를, 2022년 11월 삼위일체설의 오류를 깨닫게 되었습니다.

## 우리의 길

　　한 화교계 선교사가 '船(배 선)' 자에 여덟 사람의 표현이 있는 것을 보고 노아의 방주를 연관하여 창세기 말씀과 한자가 관계가 있음을 밝히기 시작한 것이, 오늘에 이르러 과연 한자에 창세기 말씀이 있음을, 아니 한자(漢字)가 하나님의 말씀을 형상화하여 만들어진 것임이 틀림없음을 증명하게 되었습니다.

✦ **창세기 8장** ━━━━✦ ✦ ✦

7. 네 시작은 미약하였으나 네 나중은 심히 창대하리라

　　이러한 일련의 과정들을 돌아보면 학생 교사를 맡게 되어 아브라함에게 관심을 가지고 성경을 읽었던 것이 한자와 만나는 계기가 되었고, 그로 인하여 자연스럽게 창세기에 집중하게 되었으며, 자주 성경을 보다 보니 한자어를 발견하게 되었고 그를 통

하여 눈이 열려 성경을 이해하게 되었습니다.

이 모든 것이 하나님의 은혜가 아닐 수 없습니다.

말씀과 한자를 통하여 우리말이 얼마나 중요한지를 새삼 깨닫게 되었습니다. 또한 우리글이 한자와 같이 뜻글자로서의 역할이 있음도 발견하게 되었습니다.

훈민정음이 한글을 이르는 단어로 생각했었는데, 한자어를 우리말로 풀이한 것임을 발견하게 되었습니다. 한자와 훈민정음이 새롭게 보였습니다.

성경은 하나님의 말씀을 받아 기록한 책 복음(福音)이고, 한자(漢字)는 말씀을 형상화하여 하나의 글자로 보여 주는 뜻글자이며, 훈민정음(訓民正音)은 한자를 우리말로 풀어 그 의미를 알려 주는 훈음(訓音)인 것임을 발견하게 되었습니다.

훈민정음을 통하여야만이 복음(福音, 복민정음)을, 성경의 말씀을 깨달을 수 있음을 알게 되었습니다. 즉, 우리 언어가 아니면 성경이 풀리지 않음을 알게 되었습니다.


지금 쓰이고 있는 해서체(楷書體, 眞書 혹은 正書)는 진나라 때 왕차중(王次仲)이 만들었다 합니다.

훈민정음은 AD1443년에 세종대왕께서 처음으로 제정하시고 AD1446에 세상에 널리 알리셨습니다. 이 모든 것이 하나님께서 이때를 위하여 역사하신 것이라고 생각하니 이 얼마나 놀라운 일인지요.

이렇듯 훈민정음의 중요성을 알게 되어 보완하여 작은 책을 다시 만들어 전하게 되었습니다.


한자를 풀이하면서 우리말 성경과 영역 성경을 찾아보고 묵상하며 뜻을 살피던 중에 말씀이 오역된 곳과 인용 구절 등이 왜곡되어 표현된 것이 많음을 발견하였습니다.

성경이 번역되어 많은 시간 사람들에게 널리 읽혀져 왔고, 성경학자들이 말씀을 공부하고 연구하였을 터인데 왜 고쳐지지 않고 그대로 출판되고 있는 것일까요?

말씀의 밭(성경)에 가라지가 뿌려진 것인가요?

하나님의 말씀으로 분별하여야 할 터인데 말씀이 가리어져 있으니 무엇으로 분별할는지요?


✦ **신명기 29장** ━━━━━✦ ✦ ✦ ✦


4. 그러나 깨닫는 마음과 보는 눈과 듣는 귀는 오늘 여호와께서 너희에게 주지 아니하셨느니라

18. 그들이 알지도 못하고 깨닫지도 못함은 그들의 눈이 가려서 보지 못하며 그들의 마음이 어두워져서 깨닫지 못함이라

✦  마태복음 13장  ━━━━━━✦ ✦ ✦

14. 이사야의 예언이 그들에게 이루어졌으니 일렀으되 너희가 듣기는 들어도 깨닫지 못할 것이요 보기는 보아도 알지 못하리라

✦  이사야 65장  ━━━━━━✦ ✦ ✦

1. 나는 나를 구하지 아니하던 자에게 물음을 받았으며 나를 찾지 아니하던 자에게 찾아냄이 되었으며 내 이름을 부르지 아니하던 나라에 내가 여기 있노라 내가 여기 있노라 하였노라

마지막 때인 지금 훈음(訓音)을 통하여 복음(福音)이 풀어지도록 하나님께서 역사하셨다고 생각하니, 이 나라 이 민족에게 베푸신 은혜가 얼마나 큰지요.

이제 우리는 감사함으로 베푸신 은혜를 깨달아 하나님께서 기뻐하시는 백성들에게 전하여 하나님의 뜻이 이루어지도록 일하여야 할 것입니다.

✦ 요엘 2장 ━━━━━━✦ ✦ ✦ ✦

28. 그 후에 내가 내 영을 만민에게 부어 주리니 너희 자녀들이 장래 일을 말할 것이며 너희 늙은이는 꿈을 꾸며 너희 젊은이는 이상을 볼 것이며

✦ 요한복음 14장 ━━━━━━✦ ✦ ✦ ✦

26. 보혜사 곧 아버지께서 내 이름으로 보내실 성령 그가 너희에게 모든 것을 가르치시고 내가 너희에게 말한 모든 것을 생각나게 하시리라

4. 그들은 오래 황폐하였던 곳을 다시 쌓을 것이며 옛부터 무너진 곳을 다시 일으킬 것이며 황폐한 성읍 곧 대대로 무너져 있던 것들을 중수할 것이며

5. 외인은 서서 너희 양 떼를 칠 것이요 이방 사람은 너희 농부와 포도원지기가 될 것이나

6. 오직 너희는 여호와의 제사장이라 일컬음을 받을 것이라 사람들이 너희를 우리 하나님의 봉사자라 할 것이며 너희가 이방 나라들의 재물을 먹으며 그들의 영광을 얻어 자랑할 것이니라

1. 내가 나의 사랑하는 자를 위하여 노래하되 나의 사랑하는 자의 포도원을 노래하리라 나의 사랑하는 자에게 포도원이 있음이여 심히 기름진 산에로다

2. 땅을 파서 돌을 제하고 극상품 포도나무를 심었었도다 그 중에 망대를 세웠고 그 안에 술틀을 팠었도다 좋은 포도 맺기를 바랐더니 들포도를 맺혔도다

3. 예루살렘 거민과 유다 사람들아 구하노니 이제 나와 내 포도원 사이에 판단하라

4. 내가 내 포도원을 위하여 행한 것 외에 무엇을 더할 것이 있었으랴 내가 좋은 포도 맺기를 기다렸거늘 들포도를 맺힘은 어찜인고

5. 이제 내가 내 포도원에 어떻게 행할 것을 너희에게 이르리라 내가 그 울타리를 걷어 먹힘을 당케 하며 그 담을 헐어 짓밟히게 할 것이요

6. 내가 그것으로 황무케 하리니 다시는 가지를 자름이나 북을 돋우지 못하여 질려와 형극이 날 것이며 내가 또 구름을 명하여 그 위에 비를 내리지 말라 하리라 하셨으니

7. 대저 만군의 여호와의 포도원은 이스라엘 족속이요 그의
   기뻐하시는 나무는 유다 사람이라 그들에게 공평을 바라셨
   더니 도리어 포학이요 그들에게 의로움을 바라셨더니 도리
   어 부르짖음이었도다

# 이사야 40장

1. 너희의 하나님이 이르시되 너희는 위로하라 내 백성을 위로하라

2. 너희는 예루살렘의 마음에 닿도록 말하며 그것에게 외치라 그 노역의 때가 끝났고 그 죄악이 사함을 받았느니라 그의 모든 죄로 말미암아 여호와의 손에서 벌을 배나 받았느니라 할지니라 하시니라

3. 외치는 자의 소리여 이르되 너희는 광야에서 여호와의 길을 예비하라 사막에서 우리 하나님의 대로를 평탄하게 하라

4. 골짜기마다 돋우어지며 산마다, 언덕마다 낮아지며 고르지 아니한 곳이 평탄하게 되며 험한 곳이 평지가 될 것이요

5. 여호와의 영광이 나타나고 모든 육체가 그것을 함께 보리라 이는 여호와의 입이 말씀하셨느니라

6. 말하는 자의 소리여 이르되 외치라 대답하되 내가 무엇이라 외치리이까 하니 이르되 모든 육체는 풀이요 그의 모든 아름다움은 들의 꽃과 같으니

7. 풀은 마르고 꽃이 시듦은 여호와의 기운이 그 위에 붊이라 이 백성은 실로 풀이로다

8. 풀은 마르고 꽃은 시드나 우리 하나님의 말씀은 영원히 서리라 하라

9. 아름다운 소식을 시온에 전하는 자여 너는 높은 산에 오르라 아름다운 소식을 예루살렘에 전하는 자여 너는 힘써 소리를 높이라 두려워하지 말고 소리를 높여 유다의 성읍들에게 이르기를 너희의 하나님을 보라 하라

# 새 노래

福 民 正 音  복민정음
하나님의 말씀을 받아 백성들을 바르게 하고

訓 民 正 音  훈민정음
하나님의 말씀을 전하여 백성들을 바르게 한다

割 眼 開 子  할안개자
눈먼 자의 눈을 뜨게 하고

聾 耳 開 子  농이개자
귀먹은 자의 귀를 열어 주며

被 牢 出 囚  피뢰출수
갇힌 자를 우리에서 구하고

暗 牢 出 囚  암뢰출수
흑암에 갇힌 자를 구하여

神 贊 頌 歌  신찬송가
하나님께 노래하며 찬송하고

新 贊 頌 歌  신찬송가
새 노래로 노래하며 찬송하고

地 贊 頌 極  지찬송극
땅끝에서부터 찬송하라

"누구든지 나를 따라오려거든 자기를 부인하고
자기 십자가를 지고 나를 따를 것이니라".

마태복음 16장 24에서